Jenseits des Verstandes

FEVZI H.

JENSEITS DES VERSTANDES

Bewusstsein, Zeit und die Grenzen der Realität

2025

Jenseits des Verstandes

Fevzi H.

INHALT

Über den Autor

Ich bin Fevzi H., ein Denker und Autor mit fundierten Kenntnissen in Wissenschaft und Philosophie, der sich mit multidisziplinären Konzepten auseinandersetzt. Ich hinterfrage die Grenzen zwischen der physischen und metaphysischen Welt und befinde mich auf einer intellektuellen Reise, um die universelle Natur des Bewusstseins zu verstehen. Seit Jahren forsche ich zu Themen wie Bewusstsein, Quantenmechanik, Paralleluniversen und künstlicher Intelligenz und kombiniere wissenschaftliche Theorien mit philosophischen Ansätzen, um tiefer in die Komplexität des menschlichen Geistes einzudringen.

In meinen Schriften präsentiere ich radikale Ideen über die Natur des Bewusstseins und seine Verbindung zum Universum. Indem ich nicht nur wissenschaftliche Daten, sondern auch das intellektuelle Erbe der Menschheit untersuche, möchte ich meinen Lesern neue Perspektiven eröffnen. Mein Schreibstil basiert auf der Vereinfachung komplexer Theorien und einer Sprache, die zum Nachdenken anregt.

Jedes meiner Werke lädt die Leser ein, die Geheimnisse des Universums und des Bewusstseins weiter zu entschlüsseln. Indem ich moderne wissenschaftliche Erkenntnisse mit philosophischen Fragen verbinde, biete ich innovative und zum Nachdenken anregende Perspektiven auf die Natur des Bewusstseins und seine universellen Zusammenhänge.

Vorwort

Die Fragen rund um Zeit, Konzentration und die Tiefen des Universums gehören zu den ältesten Fragen der Menschheit. Seit Jahrhunderten faszinieren diese Mysterien Wissenschaftler, Philosophen und Denker, die jeweils Theorien entwickeln, um sie zu enträtseln. Das komplexe Verhältnis zwischen Zeit und Erkenntnis wurde jedoch nie vollständig verstanden. Jede Perspektive auf diese Prinzipien bietet einen völlig neuen Einblick in die Funktionsweise des Universums, das menschliche Leben, die Sterblichkeit und unseren Platz darin.

Dieses Book begibt sich auf eine Reise zur Erforschung der Natur der Zeit, ihrer Wechselwirkung mit dem Erkennen und der Art und Weise, wie diese Konzepte menschliche Aufzeichnungen geprägt haben. Jedes Kapitel befasst sich mit unterschiedlichen Ansichten, Theorien und Phänomenen und bietet dem Leser die Möglichkeit, den komplexen Zusammenhang zwischen Bewusstsein und Zeit zu erkennen. Auf der Suche nach Antworten auf Fragen, die die Grenzen des menschlichen Verstandes überschreiten, verweben sich wissenschaftliche Entdeckungen, religiöse Erkenntnisse und philosophische Ansätze.

Das Verständnis, dass Zeit nicht nur ein physikalisches Phänomen ist, sondern auch eng mit Konzentration verbunden ist, hat tiefgreifende Auswirkungen auf die menschliche und gesellschaftliche Ebene. Durch die Erforschung zahlreicher Theorien, Ansichten und Studien zielt dieses Gemälde darauf ab, den Einfluss von Zeit und Bewusstsein auf die menschliche Existenz zu hinterfragen und gleichzeitig die Unendlichkeit des Universums und den Platz der Menschheit darin zu beleuchten.

Jede Seite dieses Buches dient als Erkundung und lädt den Leser ein, über die Vergänglichkeit der Zeit, die Tiefen des Bewusstseins und die endgültige Bedeutung des Universums nachzudenken. Diese Erkundung, die auf theoretischen Informationen basiert, soll ein inneres Bewusstsein wecken und den Leser dazu anregen, über die Grenzen der Zeit, die Entwicklung des Bewusstseins und die Zukunft der Menschheit nachzudenken. Solche Reflexionen können uns letztendlich zu einer tieferen Suche nach Wissen führen.

KAPITEL 1

Der Ursprung des Bewusstseins und der Zeitwahrnehmung

1.1 Wie nehmen wir Zeit wahr? Der Einfluss des Bewusstseins auf die Zeit

Zeit ist ein Konzept, das die Menschheit seit Jahrtausenden zu definieren, zu messen und zu verstehen versucht. Obwohl Zeit in der Physik als wissenschaftliche und objektive Größe gilt, ist unsere Wahrnehmung zutiefst subjektiv und wird von den Nuancen des Gehirns und seinen kognitiven Prozessen bestimmt. Die Frage, wie wir Zeit wahrnehmen, hängt nicht nur von der physischen Größe ab, sondern beinhaltet das Zusammenspiel von Bewusstsein, Aufmerksamkeit, Erinnerung und emotionalen Zuständen.

Im Kern ist die Zeitwahrnehmung ein mentales Konstrukt, das sowohl von unseren inneren neuronalen Prozessen als auch von unserer äußeren Umgebung geprägt wird. Während wir Zeit als einen regelmäßigen, messbaren Fluss betrachten – Sekunden, die in einem ununterbrochenen Strom verstreichen –, verarbeitet unser Gehirn sie nicht einheitlich. Stattdessen wird Zeit je nach verschiedenen kognitiven, emotionalen und physiologischen Faktoren unterschiedlich erlebt. Wenn wir uns ansehen, wie wir Zeit wahrnehmen, erkennen wir, dass Zeit keine feste Größe ist; vielmehr ist sie etwas, das unser Gehirn aktiv interpretiert, verändert und anpasst, je nachdem, wie wir uns fühlen, worauf wir uns konzentrieren und wie die Bedingungen unserer Umgebung aussehen.

Wenn wir beispielsweise mit etwas Spannendem beschäftigt sind, scheint die Zeit wie im Flug zu vergehen. Dieses Phänomen, oft auch als „Zeit vergeht wie im Flug beim Lachen" bezeichnet, entsteht, weil unser Gehirn völlig in den gegenwärtigen Moment vertieft ist und sich daher weniger auf den Zeitablauf konzentriert. Im Gegensatz dazu kann die Zeit bei Langeweile oder Stress wie ein Ziehen erscheinen, da unser Gehirn jede vergehende Sekunde übersättigt und sich dadurch die Zeit verlängert.

Aufmerksamkeit spielt eine entscheidende Rolle bei unserer Zeitwahrnehmung. In Experimenten zur Zeitwahrnehmung haben Forscher beobachtet, dass bei starker Konzentration auf eine Aufgabe das Zeitgefühl tendenziell verschwimmt und sich die Zeit entweder beschleunigt oder verlangsamt anfühlen kann. Dies zeigt sich beispielsweise bei sportlichen Aktivitäten wie der Lektüre eines Buches, einem interessanten Gespräch oder der Arbeit an einem anspruchsvollen Projekt. In diesen Fällen kann die äußere Zeitdauer zwar nur wenige Minuten anzeigen, das subjektive Zeitgefühl kann sich jedoch je nach Intensität der Beschäftigung wie Stunden oder nur wenige Augenblicke anfühlen.

Umgekehrt kann es sein, dass die Zeit wie im Flug vergeht, wenn wir weniger engagiert sind und unser Interesse nachlässt. Das liegt daran, dass wir nicht ganz im Moment präsent sind. Dadurch konzentrieren wir uns auf das Ticken der Uhr statt auf die anstehende Aufgabe, was das Gefühl verstärkt, als würde die Zeit vergehen.

Unser Zeitgefühl ist eng mit unserem Gedächtnis verknüpft. Die Art und Weise, wie wir uns an vergangene Ereignisse erinnern, kann unser Zeiterleben drastisch verändern. So kann beispielsweise der Zeitablauf während eines besonders einschneidenden oder emotionalen Ereignisses – sei es ein intensives Erlebnis oder ein Moment tiefen Glücks – je nach emotionaler Intensität des Augenblicks komprimiert oder gedehnt erscheinen. Ähnlich verhält es sich, wenn wir über vergangene Ereignisse nachdenken: Unser subjektives Zeitempfinden kann verzerrt erscheinen, je nachdem, wie wir diese Erinnerungen kategorisieren und uns merken. Ein Ereignis, das sich im Moment lang und langwierig anfühlte, kann im Rückblick kurz und flüchtig erscheinen und umgekehrt.

Die Rolle des Gedächtnisses im Zeitverständnis hat entscheidende Auswirkungen auf das Erfahrungsbewusstsein selbst. Unsere Erfahrung von Kontinuität – wie wir den gegenwärtigen Augenblick mit der Zukunft und dem Schicksal verbinden – beruht stark auf der Fähigkeit des Gehirns,

Erinnerungen zu bilden. Diese Erinnerungen fungieren als Marker, die ein Gefühl zeitlicher Kohärenz erzeugen. Ohne Erinnerung wäre unser Zeiterleben fragmentiert und unzusammenhängend, da wir vergangene Ereignisse nicht mit unserem gegenwärtigen Moment in Verbindung bringen könnten.

Emotionen spielen auch eine entscheidende Rolle bei der Gestaltung unseres Zeitverständnisses. Unsere emotionale Verfassung kann unser inneres Zeiterleben verändern und es entweder beschleunigen oder verlangsamen. In Zuständen erhöhter Emotionen – wie Angst, Sorge oder Aufregung – fühlt sich die Zeit tendenziell langsamer an. Es wird angenommen, dass dies ein Anpassungsmechanismus ist , der es uns ermöglicht, Sinneseindrücke in Momenten des Zufalls oder starker Emotionen besser zu verarbeiten. Umgekehrt fühlt es sich in Momenten der Zufriedenheit, Ruhe oder Zufriedenheit oft so an, als würde die Zeit schneller vergehen. Deshalb können sich beispielsweise Urlaubszeiten wie im Flug anfühlen, während sich Momente der Traurigkeit in die Länge ziehen.

Der emotionale Einfluss auf das Zeitempfinden ist nicht nur anekdotisch – er wurde sowohl in der Natur als auch in experimentellen Untersuchungen nachgewiesen. Untersuchungen zu emotionalen Zuständen haben gezeigt, dass Menschen unter Stress oder Erregung subjektiv langsamer Zeit empfinden, selbst wenn objektive Messungen diese Variation nicht reproduzieren. Dieses Phänomen, die sogenannte „Zeitdilatation", ist besonders in Angst- oder Gefahrensituationen deutlich zu beobachten. In diesen Momenten führt die erhöhte Wachsamkeit des Gehirns zu einem gesteigerten Bewusstsein, wodurch die Zeit länger erscheint. In diesen Momenten scheint das Gehirn mehr Daten pro Zeiteinheit zu verarbeiten, was das Gefühl erzeugt, dass sich die Zeit dehnt.

Die Fähigkeit des Gehirns, Zeit wahrzunehmen, basiert auf mehreren wichtigen neuronalen Schaltkreisen und Prozessen. Neurowissenschaftliche Forschungen haben die komplexe Interaktion zwischen verschiedenen Hirnregionen aufgedeckt, die an der Verarbeitung zeitlicher Daten beteiligt sind. Dazu gehören der präfrontale Kortex, der für höhere kognitive Funktionen wie Entscheidungsfindung und Interesse zuständig ist, und die Basalganglien, die eine wichtige Rolle bei der Regulierung des Bewegungsflusses und der Zeiteinschätzung spielen.

Eine der faszinierendsten Erkenntnisse der Zeitwahrnehmungsforschung ist die Entdeckung, dass das Gehirn eine eigene innere Uhr besitzt. Diese Uhr ist keine physische Uhr wie die, mit denen wir die Zeit extern messen, sondern ein Komplex neuronaler Mechanismen, die dem Gehirn helfen, den Lauf der Zeit zu messen. Es ist bekannt, dass der präfrontale Kortex und die Basalganglien zusammenarbeiten, um Zeiträume zu messen. Störungen dieser Strukturen – auch aufgrund neurologischer Probleme – können zu einer gestörten Zeitwahrnehmung führen. Menschen mit Parkinson haben beispielsweise häufig Schwierigkeiten mit dem Zeitempfinden, da die Krankheit die Basalganglien beeinträchtigt und normale Zeiterfassungssysteme stört.

Zeit, wie wir sie erleben, ist auch mit dem umfassenderen philosophischen Konzept des „Präsentismus" verknüpft – der Wahrnehmung, dass nur der jeweilige Moment real ist und Vergangenheit und Zukunft bloße Abstraktionen sind. Aus bewusster Sicht kann es sich oft so anfühlen, als lebten wir ausschließlich in der Gegenwart und hätten keinen Zugang zur Zukunft, außer durch Erinnerung oder durch Erwartung. Tatsächlich argumentieren viele Kognitionswissenschaftler, dass die Gegenwart der effektivste Moment ist, den wir tatsächlich direkt „genießen". Unsere Erinnerungen an die Vergangenheit und unsere Erwartungen an die Zukunft sind Repräsentationen, keine direkten Erfahrungen dieser Zeit.

Der Präsentismus steht im Gegensatz zur Theorie des „Blockuniversums". Diese geht davon aus, dass Zeit eine allumfassende vierte Dimension ist, in der Gegenwart, Gegenwart und Zukunft gleichzeitig koexistieren. Dieser Auffassung zufolge ist Zeit kein fließender Fluss, sondern ein

Fevzi H.

fester, unveränderlicher Block, durch den sich unser bewusstes Erleben bewegt. Diese Sichtweise hinterfragt unser intuitives Gefühl, dass die Zeit voranschreitet und die Zukunft noch bevorsteht. Wenn Zeit tatsächlich ein Block ist, dann ähnelt unser subjektives Zeitempfinden eher dem eines Beobachters, der sich auf einem vorgegebenen Weg bewegt.

Unser Zeitverständnis ist ein komplexes Zusammenspiel zwischen unserem Gehirn, unseren Emotionen, Erinnerungen und der uns umgebenden physischen Welt. Zeit ist keine einfache, statische Einheit – sie ist ein dynamisches und flexibles Phänomen, geprägt durch die Art und Weise, wie unser Verstand sie verarbeitet und interpretiert. Das Bewusstsein spielt eine entscheidende Rolle dabei, wie wir Zeit wahrnehmen und mit ihr umgehen. Die weitere Erforschung dieses Zusammenhangs kann einige der größten Geheimnisse des Geistes und des Universums lüften. Von den subjektiven Verzerrungen der Zeit in verschiedenen Gefühlszuständen bis hin zur inneren Uhr des Gehirns liefert das Verständnis des Zeitbegriffs wertvolle Einblicke in die Natur der Aufmerksamkeit selbst.

1.2 Die Uhr in unserem Gehirn: Mechanismen, die die Zeit messen

Zeit ist ein Konzept, das nicht nur als äußeres Phänomen existiert, sondern auch als innere Erfahrung, die tief in unserem Bewusstsein verwurzelt ist. Während die Welt um uns herum einem festen Zeitablauf folgt – geprägt durch den Auf- und Untergang der Sonne, das Ticken von Uhren und die Erdrotation –, ist unsere Wahrnehmung der Zeit mit den inneren Vorgängen im Gehirn verknüpft. Die Vorstellung, dass das Gehirn eine Art „innere Uhr" besitzt, die die Zeit messen kann, ist nicht bloß spekulativ; sie ist Gegenstand intensiver neurowissenschaftlicher Studien und liefert Einblicke in unser Verständnis und unseren Umgang mit Zeit.

Die Fähigkeit, Zeit wahrzunehmen, beruht im Kern auf spezifischen neuronalen Schaltkreisen im Gehirn. Diese Schaltkreise ermöglichen es dem Gehirn, den Lauf der Zeit zu messen und entsprechend sein Verhalten anzupassen. Von der Einschätzung der Dauer eines Ereignisses bis hin zur Wahrnehmung des Rhythmus von Sprache oder Musik beruht unsere Fähigkeit, die Zeit abzustimmen, auf komplexen Interaktionen zwischen verschiedenen Gehirnregionen.

Die innere Uhr des Gehirns wird durch ein Netzwerk spezifischer neuronaler Strukturen gesteuert, die zusammenarbeiten, um Zeitintervalle zu erfassen. Obwohl dieses System nicht immer eine einzelne „Uhr" ist, wie wir sie zum Messen von Sekunden und Minuten verwenden, umfasst es mehrere miteinander verbundene Gehirnregionen, von denen jede eine Schlüsselfunktion bei der Wahrnehmung und Regelung der Zeit spielt.

Die Basalganglien, insbesondere das Striatum, sind entscheidend für die Fähigkeit des Gehirns, Zeit einzuschätzen. Das Striatum ist an der motorischen Kontrolle beteiligt und spielt eine zentrale Rolle bei der Entscheidungsfindung, dem Verstärkungslernen und der Erfassung von Zeiträumen. Es ist Teil des dopaminergen Systems des Gehirns, das die Belohnungsmechanismen des Gehirns steuert. Deshalb wird die Zeitwahrnehmung oft durch Veränderungen der Motivation oder des emotionalen Zustands beeinflusst – Dopamin spielt eine Rolle bei unserer Zeiteinschätzung.

Neben den Basalganglien spielt der präfrontale Kortex eine entscheidende Rolle bei der Zeitwahrnehmung. Er ist an höheren kognitiven Fähigkeiten beteiligt, darunter Planung, Gedächtnisleistung und Entscheidungsfindung. Dieser Bereich des Gehirns hilft uns, unsere Aufmerksamkeit zu steuern und die Konzentration aufrechtzuerhalten, was für die Zeitmessung wichtig ist. Es wird angenommen, dass der präfrontale Kortex eingehende sensorische Daten verarbeitet und mit unseren inneren Zeitmesssystemen integriert, um ein kohärentes Zeitgefühl zu schaffen.

Neben diesen Regionen spielt das Kleinhirn, das traditionell mit der motorischen Steuerung in Verbindung gebracht wird, auch eine Rolle bei der Feinabstimmung unserer inneren Uhr. Studien haben gezeigt, dass das Kleinhirn zur Präzision der Zeiteinschätzung beiträgt, insbesondere für kurze

Zeiträume. Schäden am Kleinhirn können zu Defiziten im Zeitempfinden führen, insbesondere bei Aufgaben, die schnelle und präzise Schätzungen erfordern.

Dopamin, oft als „sinneskorrigierender" Neurotransmitter des Gehirns bezeichnet, spielt eine entscheidende Rolle bei der Zeitwahrnehmung. Dopamin reguliert Motivation, Interesse und Belohnung, die alle unsere Wahrnehmung des Zeitablaufs beeinflussen. Die Beteiligung von Dopamin an der Zeitwahrnehmung wird besonders deutlich, wenn man bedenkt, wie Motivation das Zeitgefühl verändern kann. Wenn wir uns mit etwas Lustigem beschäftigen, steigt der Dopaminspiegel, was zu dem subjektiven Gefühl führt, dass die Zeit schneller vergeht. Umgekehrt kann der Dopaminspiegel sinken, wenn wir gelangweilt oder desinteressiert sind, und die Zeit kann sich verziehen.

Bei neurologischen Erkrankungen wie der Parkinson-Krankheit, bei denen die Dopaminproduktion beeinträchtigt ist, ist das Zeitempfinden häufig gestört. Parkinson-Patienten haben möglicherweise auch Schwierigkeiten, Zeiträume einzuschätzen oder den Rhythmus beim Sport aufrechtzuerhalten. Dies unterstreicht den direkten Zusammenhang zwischen Dopamin und der Fähigkeit des Gehirns, den Takt der Zeit aufrechtzuerhalten.

Die Annahme, dass Dopamin die Wahrnehmung der Zeit beeinflussen kann, steht im Einklang mit einem umfassenderen Verständnis von Zeit als flexiblem, subjektivem Erlebnis. Während der äußere Zeitablauf regelmäßig bleibt, ist unser inneres Zeitgefühl formbar und wird durch die Neurochemie unseres Gehirns geprägt. Diese Flexibilität ermöglicht es uns, uns an unterschiedliche Umgebungen und Situationen anzupassen und unsere Reaktionen basierend auf zeitlichen Bedürfnissen zu optimieren.

Die Zeiteinschätzung im Gehirn ist ein komplexer Prozess, der die Kombination von sensorischen Daten mit neuronalen Signalen beinhaltet. Forscher haben verschiedene Mechanismen identifiziert, mit denen das Gehirn Zeitintervalle schätzt. Eines der am weitesten verbreiteten Modelle ist das Schrittmacher-Akkumulator-Modell. Demnach verwendet das Gehirn einen inneren Schrittmacher, der in regelmäßigen Abständen tickt. Dieser Schrittmacher sendet Impulse aus, die über Jahre hinweg gesammelt werden können, um die vergangene Zeitspanne zu schätzen.

Der innere Schrittmacher ist ein neuronales System, das eine konstante rhythmische Aktivität erzeugt, möglicherweise in Strukturen wie den Basalganglien oder dem Thalamus. Die vom Schrittmacher erzeugten Impulse werden nicht bewusst wahrgenommen, sondern von anderen Hirnregionen gezählt, die ihre Ansammlung überwachen. Erreicht die Anzahl der gesammelten Impulse einen Schwellenwert, erkennt das Gehirn, dass eine bestimmte Zeitspanne vergangen ist.

Ein Gelegenheitsmodell, das neuronale Oszillationsmodell, geht davon aus, dass der Zeitpunkt durch die Synchronisierung neuronaler Oszillationen (Gedankenwellen) vorhergesagt wird. In diesem Modell synchronisieren verschiedene Hirnareale ihre Oszillationen so, dass der Zeitablauf kodiert wird. Diese Oszillationen können in ihrer Frequenz variieren, und ihre Muster können durch Faktoren wie Aufmerksamkeit und Motivation beeinflusst werden. Dieses Modell bietet ein tieferes dynamisches Verständnis der Art und Weise, wie das Gehirn Zeit wahrnimmt, und legt nahe, dass Zeitwahrnehmung kein lineares System ist, sondern von kognitiven und emotionalen Faktoren beeinflusst werden kann.

Während die innere Uhr des Gehirns für die Zeitmessung unerlässlich ist, wird unsere Zeitwahrnehmung auch durch äußere Sinneseindrücke beeinflusst. Das Gehirn empfängt kontinuierlich visuelle, akustische und taktile Signale aus der Umgebung, die es ihm ermöglichen, den Lauf der Zeit zu messen. Wenn wir beispielsweise auf eine Uhr schauen oder ein tickendes Geräusch wahrnehmen, kann das Gehirn sein internes Zeitmesssystem mit äußeren Aktivitäten synchronisieren. Diese Synchronisierung kann uns helfen, den

Lauf der Zeit in realen und internationalen Kontexten wahrzunehmen.

Sensorische Reize sind jedoch nicht immer zuverlässig. Visuelle oder akustische Signale können unsere Zeitwahrnehmung manchmal verzerren und uns den Eindruck vermitteln, als würde die Zeit entweder schneller oder langsamer vergehen. Beim Anschauen eines actionreichen Films kann es uns beispielsweise vorkommen, als würde die Zeit schnell vergehen, obwohl der Zeitablauf konstant bleibt. Im Vergleich dazu fühlt sich die Zeit beim Warten auf ein wichtiges Ereignis oft unwiderstehlich an, obwohl die äußere Uhr mit gleicher Geschwindigkeit tickt.

Dieses Phänomen ist besonders deutlich bei sensorischer Überlastung oder erhöhter Aufmerksamkeit zu beobachten. In Situationen intensiver Aufmerksamkeit oder emotionaler Erregung kann die Zeitwahrnehmung stark verändert sein. In diesen Fällen kann das Gehirn Aufzeichnungen auch schneller oder langsamer verarbeiten, was zu einem verzerrten Zeitgefühl führt.

Das Zeitmanagement des Gehirns kann durch verschiedene Faktoren gestört werden, darunter neurologische Erkrankungen, kognitive Störungen und äußere Einflüsse. Beispielsweise berichten Menschen mit Schizophrenie oder Autismus-Spektrum-Störung häufig von Problemen bei der Zeitwahrnehmung. Diese Störungen können sich in

Jenseits des Verstandes

Schwierigkeiten bei der Zeiteinschätzung oder in einem veränderten Zeitempfinden äußern.

Darüber hinaus können Hirnverletzungen oder Erkrankungen, die die Basalganglien, das Kleinhirn oder den präfrontalen Kortex betreffen, zu Störungen der Zeitwahrnehmung führen. Beispielsweise können Patienten, die unter belastenden Hirnverletzungen gelitten haben, auch Verzerrungen in ihrem Zeitempfinden erleben und die Zeit entweder als zu schnell oder zu langsam wahrnehmen.

Selbst bei gesunden Menschen lässt sich die Fähigkeit des Gehirns, Zeit zu messen, im Laufe der Zeit nur schwer verändern. Mit zunehmendem Alter kann die Verarbeitungsgeschwindigkeit langsamer werden, was auch zu einem veränderten Zeitgefühl bei älteren Menschen beitragen kann. Studien zeigen, dass mit zunehmendem Alter auch unsere Fähigkeit, kurze Zeiträume einzuschätzen, nachlässt, was zu dem Gefühl führt, die Zeit vergeht schneller.

Die Fähigkeit des Gehirns, Zeit zu erfassen, ist ein komplexer Prozess, der verschiedene neuronale Schaltkreise, Neurotransmitter und kognitive Mechanismen umfasst. Zeitwahrnehmung ist nicht nur eine passive Reflexion der uns umgebenden Welt; sie ist ein dynamischer Prozess, den das Gehirn ständig formt und verfeinert. Von der Rolle der Basalganglien bei der Zeitmessung bis hin zum Einfluss von Dopamin auf das Zeiterlebnis sind die Mechanismen hinter der

Zeitwahrnehmung ebenso komplex wie entscheidend für unser Verständnis von Bewusstsein. Die Forschung zu den neuronalen Grundlagen der Zeit gewinnt zunehmend an Bedeutung, da wir tiefere Einblicke in die Konstruktion des reichen, flexiblen Zeiterlebnisses durch das Gehirn gewinnen, das unser tägliches Leben prägt.

1.3 Der Fluss der Zeit: Ist er real oder eine Wahrnehmungstäuschung?

Zeit ist einer der wichtigsten Aspekte unseres Lebens, doch bleibt sie eines der schwersten Konzepte, die es vollständig zu begreifen gilt. Wir erleben Zeit als ein stetiges Vergehen – Sekunden werden zu Minuten, Minuten zu Stunden, Stunden zu Tagen – doch ist dieses „Fluss" ein fester Bestandteil des Universums oder entsteht es lediglich aus unserer Wahrnehmung? Die Natur der Zeit fasziniert Philosophen, Physiker und Neurowissenschaftler gleichermaßen und hat zu zahlreichen Theorien darüber geführt, ob der Lauf der Zeit objektiv real ist oder ob es sich tatsächlich um eine vom Gehirn erschaffene Illusion handelt.

In der klassischen Physik wird Zeit regelmäßig als unveränderliche, lineare Entwicklung betrachtet – ein fortwährendes Driften vom Jenseits über die Gegenwart in die Zukunft. Dieses Zeitkonzept ist tief in unserer alltäglichen Erfahrung und im Rahmen der Newtonschen Mechanik verankert, in der Zeit als unabhängige und ununterbrochene Dimension betrachtet wird, die sich mit konstanter Geschwindigkeit verändert. In diesem Modell ist Zeit real, objektiv und wird universell auf die gleiche Weise erfahren, unabhängig von der Bewegung oder Perspektive des Beobachters.

Die moderne Physik, vor allem mit Einsteins Relativitätstheorie, hat jedoch ein deutlich komplexeres Zeitverständnis eingeführt. Nach der Relativitätstheorie ist Zeit keine konstante, allgemeine Größe, sondern relativ zum Beobachter. Zeit, genauer gesagt, der Zeitfluss, kann sich je nach Faktoren wie Geschwindigkeit und Gravitationsfeldern verlangsamen oder beschleunigen. Beispielsweise würde ein Astronaut, der sich mit hoher Geschwindigkeit im Weltraum bewegt, die Zeit mit einer anderen Geschwindigkeit erleben als jemand auf der Erde – ein Phänomen, das als Zeitdilatation bekannt ist. Dies deutet darauf hin, dass Zeit keine absolute, unveränderliche Kraft ist, sondern etwas, das sich je nach physischem Kontext verändert.

Aus der Perspektive der Relativitätstheorie wird der Zeitfluss noch abstrakter. Das bekannte „Blockuniversum"-Prinzip, das sich aus der Relativitätstheorie ergibt, geht davon aus, dass Vergangenheit, Gegenwart und Schicksal gleichermaßen real sind und der Lauf der Zeit eine Illusion ist. In diesem Modell ist die Zeit mit den räumlichen Dimensionen

Fevzi H.

vergleichbar: Alle Ereignisse – Jenseits, Gegenwart und Schicksal – sind bereits in einem vierdimensionalen Block angelegt, wobei die Zeit lediglich eine weitere Koordinate innerhalb der Raumzeit darstellt. Nach dieser Auffassung ist der „Schweif" der Zeit, das Gefühl, dass sich die Zeit ständig vorwärtsbewegt, lediglich ein psychologisches Phänomen, keine physische Realität mehr.

Während die Physik einen Rahmen für das Verständnis der Natur der Zeit bietet, bleibt die Frage, warum sich die Zeit scheinbar in eine Richtung bewegt – der sogenannte „Zeitpfeil" – ein zentrales Thema der Zeitphilosophie. In unserer natürlichen Erfahrung fließt die Zeit von der Gegenwart in die Zukunft, und diese Richtung ist universell. Doch warum ist die Zeit asymmetrisch? Warum scheinen sich Ereignisse vorwärts, aber nie rückwärts zu bewegen?

Eine Erklärung hierfür findet sich im Konzept der Entropie, einem Grundkonzept des zweiten Hauptsatzes der Thermodynamik. Entropie ist ein Grad an Unordnung oder Zufälligkeit in einem Gerät. Das zweite Hauptsatz besagt, dass die Entropie in einem isolierten Gerät mit der Zeit zunimmt. Dies verstärkt die Wahrnehmung des Zeitflusses: Wir erleben, wie die Zeit voranschreitet, weil die Entropie tendenziell zunimmt – von niedriger Entropie (Ordnung) zu hoher Entropie (Unordnung). Wenn beispielsweise ein Krug verdirbt, verteilen sich die entstehenden Scherben und verstärken die

Unordnung des Geräts. Die Tatsache, dass das Universum mit fortschreitender Zeit tendenziell ungeordneter wird, verleiht der Zeit ihre scheinbare Richtung. Dies liefert zwar einen Weg für die Zeit, aber keine Erklärung dafür, warum die Zeit selbst überhaupt fließt – es erklärt lediglich, warum sie sich in eine bestimmte Richtung bewegt.

Einige Physiker haben vorgeschlagen, dass der Zeitfluss eher auf den Gesetzen der Thermodynamik beruht als auf einer fundamentalen Eigenschaft des Universums. Dieser Auffassung zufolge ist der Zeitpfeil keine Funktion der Zeit selbst, sondern eine emergente Eigenschaft des Verhaltens physikalischer Strukturen im Laufe der Zeit, die mit der Tendenz dieser Strukturen zur Entropiezunahme zusammenhängt.

Das Gefühl des kontinuierlichen Fließens der Zeit ist nicht unbedingt ein Spiegelbild des physischen Zeitablaufs, sondern auch ein Produkt der Art und Weise, wie das Gehirn sensorische Informationen interpretiert und verarbeitet. Die Neurowissenschaft zeigt, dass das Gehirn das Zeiterlebnis aktiv, oft unbewusst, basierend auf sensorischen Eingaben, Erwartungen und Erinnerungen konstruiert.

Unser Gehirn verarbeitet Zeit in Abschnitten, basierend auf den Mustern und Rhythmen, denen es in der Welt begegnet. Beispielsweise können das Ticken einer Uhr, der Rhythmus der Sprache oder die Bewegung von Geräten in unserem Sichtfeld dem Gehirn das Gefühl von ununterbrochener Zeit vermitteln. Dieses Gefühl ist jedoch äußerst subjektiv und kann durch verschiedene Faktoren wie Interesse, Emotionen und kognitive Belastung beeinflusst werden. Wenn wir tief in eine Aktivität vertieft sind, kann die Zeit wie im Flug vergehen, während sie sich in Momenten der Langeweile oder des Wartens endlos hinziehen kann. Diese Fluidität im Zeitempfinden deutet darauf hin, dass unsere Wahrnehmung von Zeit nicht immer direkt mit ihrem zeitlichen Ablauf zusammenhängt, sondern vielmehr damit, wie unser Gehirn sensorische Informationen verarbeitet und interpretiert.

Die Theorie der „Zeitsprünge" – bei denen sich die Zeit je nach psychischem Zustand zu dehnen oder zusammenzuziehen scheint – stützt die Annahme, dass Zeit eine vom Gehirn erzeugte Illusion sein könnte. Die Zeitdilatation beispielsweise beschränkt sich nicht immer auf die in Einsteins Relativitätstheorie beschriebenen Effekte. Menschen erleben oft das Gefühl, in Momenten höchster Konzentration oder in einer emotionalen Situation, wie beispielsweise während einer Krise oder beim Durchführen eines Schwebeflugs, die Zeit aus den Augen zu verlieren. Diese Studien legen nahe, dass unser inneres Zeitgefühl formbar ist und durch die Stimmung unseres Geistes und nicht durch einen objektiven Zeitablauf beeinflusst wird.

Im Laufe der Geschichte haben sich Philosophen mit der Frage auseinandergesetzt, ob Zeit real oder nur ein intellektuelles Konstrukt ist. Antike Denker wie Augustinus erkannten das Mysterium der Zeit an und wiesen darauf hin, dass er den Lauf der Zeit zwar erfassen, aber nicht beschreiben könne. Der Logiker Immanuel Kant argumentierte, dass Zeit (im Gegensatz zum Raum) keine objektive Funktion der Welt, sondern ein vom Geist vorgegebener intellektueller Rahmen sei. Laut Kant können wir die „Dinge an sich" niemals so erfahren, wie sie tatsächlich sind, sondern nur so, wie sie uns durch die Linse der Kategorien unseres Geistes erscheinen – Zeit ist eine solche Kategorie.

Vertreter der realistischen Sichtweise argumentieren hingegen, dass Zeit unabhängig von menschlicher Wahrnehmung existiert. Dieser Auffassung zufolge ist Zeit nicht bloß eine Illusion, sondern ein wesentlicher Bestandteil der Materie des Universums. Obwohl unsere Wahrnehmung von Zeit verändert oder verzerrt sein mag, ändert dies nichts an der Realität, dass Zeit eine reale, objektive Entität ist, die das Universum formt.

Eine der interessantesten aktuellen Sichtweisen der philosophischen Debatte ist die Debatte um Präsentismus im Gegensatz zum Eternalismus. Der Präsentismus geht davon aus, dass nur der gegenwärtige Moment real ist und Jenseits und Zukunft bloße Prinzipien sind. Der Eternalismus hingegen geht davon aus, dass alle Aspekte der Zeit – Jenseits, Gegenwart und Zukunft – gleichermaßen real sind. Die Frage, welche dieser Ansichten wahr ist oder ob beide in irgendeiner Weise falsch sind, bleibt ein fortwährendes philosophisches Problem mit tiefgreifenden Auswirkungen auf unser Verständnis der Natur der Zeit.

Der Lauf der Zeit ist ein zutiefst paradoxes Konzept. Physikalisch gesehen scheint sie als unausweichlicher Bestandteil des Universums zu existieren, wobei die zunehmende Entropie ihrem Verlauf eine Richtung vorgibt. Doch die subjektive Natur der Zeit – geprägt durch die Interpretation sensorischer Reize durch das Gehirn und stimuliert durch emotionale und psychologische Zustände – deutet darauf hin, dass Zeit nicht unbedingt eine objektive Realität ist. Ob Zeit ein emergenter Bestandteil des physikalischen Universums oder eine vom Geist erschaffene Wahrnehmungstäuschung ist, ist noch immer Gegenstand ernsthafter Debatten. Klar bleibt jedoch, dass unser Zeiterlebnis entscheidend dafür ist, wie wir unser Leben und unseren Platz im Universum wahrnehmen.

1.4 Verzerrte Zeitwahrnehmungen: Träume, Traumata und veränderte Realitäten

Zeit, wie wir sie üblicherweise wahrnehmen, fließt progressiv, geprägt von sich linear entfaltenden Ereignissen.

Unter bestimmten Umständen – vom Traumreich über Traumata bis hin zu veränderten Aufmerksamkeitszuständen – kann unsere Zeitwahrnehmung jedoch verzerrt, fragmentiert oder sogar völlig vom objektiven Zeitablauf abgekoppelt werden. Diese Störungen werfen tiefgreifende Fragen nach dem Wesen der Wahrheit, der Fluidität der Zeit und dem Ausmaß auf, in dem unsere Zeitwahrnehmung durch Gedanken konstruiert wird.

Träume sind eines der anschaulichsten und verblüffendsten Beispiele dafür, wie die Wahrnehmung von Zeit verzerrt sein kann. Im Schlaf erleben wir die Zeit oft verzerrt oder fließend, wobei sich Ereignisse auf eine Weise entfalten, die den üblichen Regeln von Kausalität und Chronologie widerspricht. Ein einzelner Traum kann stundenlang zu dauern scheinen, obwohl er in Wirklichkeit nur wenige Minuten gedauert haben kann. Umgekehrt kann sich ein Traum wie in Sekundenschnelle anfühlen, obwohl er einen ganzen Erzählbogen umfasst.

Diese Zeitverzerrung in Träumen ist ein Phänomen, das Wissenschaftler und Psychologen seit Jahrhunderten fasziniert. Nach dem Aktivierungs-Synthese-Konzept des Träumens erzeugt das Gehirn während des Schlafs Wünsche aus zufälligen neuronalen Reizen. Das Gehirn versucht, diese zufälligen Signale durch die Konstruktion zusammenhängender Geschichten zu verarbeiten. Dabei kann der lineare Zeitfluss im Wachzustand unzusammenhängend oder irrelevant werden. Die Trennung zwischen Traumwelt und Wachwelt ermöglicht es dem Gehirn, die Zeit fließender und nichtlinearer zu erleben.

Darüber hinaus kann die Lebhaftigkeit und Intensität der in Wünschen erlebten Emotionen diese Zeitverzerrung noch verstärken. In intensiven Albträumen oder luziden Träumen kann das Gehirn beispielsweise eine Traumrealität erzeugen, in der Tage oder sogar Jahre wie im Flug vergehen. Diese Trennung zwischen der subjektiven Zeiterfahrung und ihrem objektiven Zeitablauf zeigt die Fähigkeit des Gehirns, die Zeitwahrnehmung von der physischen Uhr zu entkoppeln und stattdessen seinem eigenen Rhythmus zu folgen, der auf emotionalen und mentalen Zuständen basiert.

Traumata, sowohl psychische als auch körperliche, können unser Zeitempfinden stark beeinflussen. Menschen, die belastende Erlebnisse erlebt haben, berichten häufig von einem Gefühl der Zeitverschiebung, bei dem Vergangenheit und Gegenwart miteinander zu verschwimmen scheinen oder das Zeitgefühl entweder verstärkt oder verlangsamt wird. Traumata können zu einem Zerfall der Linearität der Zeit führen und ein anhaltendes Gefühl erzeugen, in der Vergangenheit gefangen zu sein oder die Zukunft als unmittelbar bedrohlich zu erleben.

Die Posttraumatische Belastungsstörung (PTBS) ist ein krasses Beispiel dafür, wie ein Trauma das Zeitgefühl verzerren kann. Viele Menschen mit PTBS erleben pulsierende, aufdringliche Flashbacks, in denen verstörende Ereignisse scheinbar im gegenwärtigen Moment auftauchen, als sei die Zeit stehen geblieben. Diese Flashbacks sind nicht bloße Erinnerungen; sie spiegeln die Intensität und Unmittelbarkeit eines aktuellen Ereignisses wider, sodass die Grenze zwischen Vergangenheit und Gegenwart kaum noch zu erkennen ist. Diese Störung des Zeitgefühls kann desorientierend und belastend sein, da sich die Betroffenen in einem Moment der Vergangenheit gefangen fühlen und sich nicht davon lösen können.

Neben Flashbacks kann ein Trauma auch dazu führen, dass Menschen das Gefühl haben, die Zeit vergeht langsamer oder unerwarteter als sonst. Manche beschreiben sogar das Gefühl, die Zeit sei ganz stehen geblieben, oder umgekehrt erleben sie, wie die Zeit an ihnen vorbeirast, ohne dass sie es verarbeiten können. Solche Verzerrungen der Zeitwahrnehmung entstehen vermutlich durch den Versuch des Gehirns, mit überwältigendem Druck umzugehen. Sie verändern den gewohnten Zeitablauf, um die Person vor der psychischen Belastung des Ereignisses zu schützen.

Neben Träumen und Traumata können auch andere emotionale Erfahrungen die Zeitwahrnehmung stören. Angst, Anspannung, Freude und andere übermäßige Emotionen können dazu führen, dass die Zeit entweder beschleunigt oder verlangsamt vergeht. Beispielsweise werden Momente

Fevzi H.

intensiver Angst oder Gefahr, wie beispielsweise ein Autounfall oder eine Beinahe-Ausfallsituation, oft als „eingefroren in der Zeit" oder als langsam ablaufendes Gefühl beschrieben. Dieser Effekt der „Zeitdilatation" entsteht, weil das Gehirn in Stressmomenten eine große Menge sensorischer Daten verarbeitet, wodurch sich das Zeitgefühl dehnt, um der erhöhten Konzentration gerecht zu werden.

Umgekehrt kann Vorfreude – die Anspannung vor einem wichtigen Ereignis wie einer wichtigen Prüfung, einem Konzert oder einer Hochzeit – dazu führen, dass die Zeit wie im Flug vergeht. Ebenso können Momente übermäßiger Freude oder Freude dazu führen, dass die Zeit wie im Flug vergeht und man das Gefühl hat, die Stunden seien wie im Flug vergangen. Diese emotionalen Schwankungen im Zeitempfinden hängen oft mit der Fähigkeit des Gehirns zusammen, bestimmte Ereignisse gegenüber anderen zu priorisieren. Dadurch werden emotional wichtige Momente intensiviert und weniger wichtige Momente minimiert.

Zeitverzerrung kann auch in Situationen von Langeweile oder Monotonie auftreten, in denen die Zeit scheinbar endlos vergeht. Dieses Phänomen, auch „Zeitdrift" genannt, tritt häufig auf, wenn Menschen sich wiederholenden, unstimulierenden Wiederholungen ausgesetzt sind. In diesen Fällen kann das Gehirn die Zeit nicht mehr wie gewohnt verarbeiten, was zu einem Gefühl des Zeitschleppens oder

Stagnierens führt. Das Gefühl, dass die Zeit zu langsam vergeht, entsteht durch den Kampf des Gehirns, das Interesse an einer Umgebung aufrechtzuerhalten, die weder Neues noch emotionale Anziehung bietet.

Abgesehen von den normalen emotionalen oder psychologischen Zuständen können bestimmte veränderte Bewusstseinszustände, ob durch Substanzen, Meditation oder tiefe Konzentration hervorgerufen, dramatische Veränderungen im Zeitempfinden hervorrufen. Psychedelische Substanzen wie LSD, Psilocybin und DMT sind dafür bekannt, tiefgreifende Wahrnehmungsveränderungen, einschließlich Zeitverzerrungen, hervorzurufen. Konsumenten dieser Substanzen berichten oft von einer völligen Trennung vom gewohnten Zeitfluss, wobei Gegenwart, Zukunft und Schicksal miteinander verschmelzen oder ganz verschwinden. In solchen Zuständen kann sich die Zeit unendlich ausdehnen, oder Ereignisse können sich anfühlen, als würden sie gleichzeitig stattfinden.

Ebenso können tiefe Meditation und Praktiken wie Achtsamkeit ein Gefühl der Zeitlosigkeit hervorrufen. Erfahrene Meditierende berichten von einem veränderten Verhältnis zur Zeit und beschreiben oft Zustände, in denen sich Zeit nebensächlich oder gar nicht existent anfühlt. In diesen Zuständen kann man Stunden oder sogar Tage vergessen und sich tief im gegenwärtigen Moment versunken fühlen. Diese Erfahrungen entstehen vermutlich dadurch, dass das Gehirn in einen anderen Zustand der Aktivität eintritt, in dem die üblichen mentalen Konstrukte von Zeit und Raum aufbrechen und der Geist sich ganz auf das Geschehene konzentriert.

Die Veränderungen des Zeitempfindens, die in Träumen, Traumata, intensiven Gefühlen und veränderten Bewusstseinszuständen auftreten, können durch verschiedene mentale und neurologische Mechanismen erklärt werden. Der präfrontale Kortex, der an exekutiven Funktionen wie Aufmerksamkeit, Entscheidungsfindung und Zeitempfinden beteiligt ist, spielt eine Schlüsselrolle in unserem Umgang mit Zeit. Wenn die normale Funktion des Gehirns gestört ist – aufgrund intensiver Gefühle, eines Traumas oder veränderter Bewusstseinszustände – kann der präfrontale Kortex die Zeit auch nichtlinear verarbeiten, was zu einem subjektiven Erleben von Zeitverzerrungen führt.

Darüber hinaus beeinflusst Dopamin, ein Neurotransmitter, der an Motivation und Belohnungsprozessen beteiligt ist, auch das Zeitempfinden. Studien haben gezeigt, dass Schwankungen des Dopaminspiegels dazu führen können, dass sich die Zeit je nach Lust oder Stress dehnt oder verkürzt. Beispielsweise stehen Dopaminschübe mit erhöhter Konzentration oder Aufregung in Zusammenhang, was dazu führen kann, dass sich die Zeit wie im Flug anfühlt. Umgekehrt können ein Dopaminmangel oder Phasen der Unsicherheit dazu führen, dass sich die Zeit verzieht.

Die Geschichten von Zeitverzerrungen durch Träume, Traumata, emotionale Zustände und veränderte Wahrnehmung verdeutlichen die fließende und subjektive Natur der Zeit. Während Zeit im physischen Universum eine objektive, messbare Konstante ist, ist unsere Wahrnehmung von ihr alles andere als konstant. Der Geist kann die Zeitwahrnehmung auf vielfältige Weise manipulieren und dabei die Möglichkeit nutzen, zeitliche Realitäten zu verändern – Realitäten, die die Vorstellung von Zeit als stetigem, unveränderlichem Fluss untergraben. Durch das Verständnis dieser Störungen gewinnen wir tiefere Einblicke in die Formbarkeit der Zeitwahrnehmung und ihre tiefe Verbindung zu unseren mentalen und emotionalen Zuständen. Letztlich werfen diese veränderten Wahrnehmungen grundlegende Fragen über den Charakter von Zeit und Realität selbst auf.

1.5 Ist unsere Zeitwahrnehmung universell oder beschränkt sie sich auf das Gehirn?

Die Wahrnehmung von Zeit ist einer der wesentlichsten Faktoren menschlicher Erfahrung, aber auch einer der rätselhaftesten. Während der Lauf der Zeit im physikalischen Universum konstant ist, kann unsere Erfahrung davon aufgrund biologischer, psychologischer und kultureller Faktoren erheblich variieren. Die entscheidende Frage dieses Kapitels ist, ob unser Zeitempfinden bei allen Menschen – und vielleicht sogar bei allen Lebewesen – regelmäßig vorkommt oder ob es sich um etwas handelt, das durch die Struktur und Funktionsweise des menschlichen Gehirns einzigartig geprägt ist.

Um dieses komplexe Problem zu verstehen, müssen wir zwei grundlegende Fragen untersuchen: Erstens, ob alle Menschen Zeit auf die gleiche Weise erleben, und zweitens, ob diese Zeitwahrnehmung biologisch verankert ist oder durch individuelle Wahrnehmung, Lebensstil und äußere Einflüsse geprägt wird. Diese Frage geht über die menschliche Erfahrung hinaus und untersucht, ob andere Arten Zeit ähnlich wahrnehmen wie Menschen und wenn ja, was dies über die zugrunde liegenden biologischen Mechanismen aussagt.

Die menschliche Zeitwahrnehmung beruht auf der Fähigkeit des Gehirns, den Lauf der Zeit zu verarbeiten und zu dokumentieren. Mehrere Hirnregionen tragen zu dieser Eigenschaft bei, insbesondere der Gyrus supramarginalis, der präfrontale Kortex und der Hippocampus. Der Gyrus supramarginalis im Parietallappen spielt eine entscheidende Rolle bei der Verarbeitung von Zeiträumen und ermöglicht uns die Einschätzung, wie lange etwas dauert oder wann etwas passieren wird. Der präfrontale Kortex, bekannt für seine

Beteiligung an höheren kognitiven Funktionen wie Entscheidungsfindung und Aufmerksamkeit, ermöglicht uns, den Zeitablauf vorherzusehen und zu ordnen. Der Hippocampus, der häufig mit der Gedächtnisbildung in Verbindung gebracht wird, ermöglicht es uns, an vergangene Ereignisse zu denken und zukünftige Ereignisse vorherzusehen und prägt so unser Zeitempfinden weiter.

Trotz der häufigen biologischen Grundlage der Zeitwahrnehmung deuten Studien darauf hin, dass das Zeitempfinden nicht einheitlich ist. Menschen können Zeit je nach mentaler Verfassung, Alter, emotionalem Kontext und neurologischer Veranlagung unterschiedlich wahrnehmen. Beispielsweise neigen Kinder, deren kognitive und perzeptive Fähigkeiten sich noch in der Entwicklung befinden, dazu, die Zeit anders wahrzunehmen als Erwachsene und sie oft als langsamer vergehend wahrzunehmen. Ebenso kann sich die Zeit in Zeiten starken Stresses oder Langeweile langsamer oder schneller anfühlen. Dies zeigt, dass unser subjektives Zeitempfinden sowohl von inneren als auch von äußeren Faktoren beeinflusst wird.

Diese Unterschiede werfen die Frage auf, ob es eine standardisierte, biologisch festgelegte Art und Weise gibt, wie Menschen Zeit erleben, oder ob sie durch unsere spezifischen psychologischen und umweltbedingten Kontexte geprägt wird. Während die zugrunde liegenden biologischen Mechanismen ähnlich sind, variiert das Zeitempfinden stark, basierend auf Persönlichkeitsgeschichten und subjektiven Befindlichkeiten.

Neben natürlichen Faktoren spielt der kulturelle Kontext eine große Rolle bei der Gestaltung unserer Zeitwahrnehmung. Verschiedene Gesellschaften haben unterschiedliche Einstellungen zur Zeit, die beeinflussen können, wie Menschen in diesen Gesellschaften ihren Alltag erleben und gestalten. In westlichen Kulturen wird Zeit oft als linear wahrgenommen und in feste Einheiten wie Stunden und Minuten unterteilt. Menschen in diesen Kulturen legen tendenziell Wert auf Pünktlichkeit und Leistung, wobei zukunftsorientiertes Denken – Vorausschauen und Planen für die Zukunft – einen klaren Schwerpunkt bildet.

Im Vergleich dazu neigen viele indigene und östliche Kulturen dazu, Zeit eher zyklisch oder relational zu betrachten. Beispielsweise betrachten einige indigene Gruppen Zeit als einen fortlaufenden Kreislauf von Jahreszeiten, Lebensphasen und Verbindungen zu den Vorfahren, in dem Jenseits, Gegenwart und Schicksal miteinander verwoben sind. In diesen Kulturen ist Zeit nicht etwas, das man „steuern" oder „managen" kann, sondern etwas, das im Einklang mit natürlichen Rhythmen erlebt werden kann. Ähnlich verhält es sich mit bestimmten östlichen Philosophien, darunter Buddhismus und Taoismus, die Zeit oft als etwas Fließendes

Jenseits des Verstandes

und Verbundenes konzeptualisiert, anstatt als eine Abfolge einzelner Momente, die überwacht werden müssen.

Kulturelle Normen rund um die Zeit können heute nicht nur die Wahrnehmung von Zeit beeinflussen, sondern auch das Verhalten des Einzelnen in Bezug auf die Zeit. In monochron orientierten Kulturen wird Zeit beispielsweise als kostbare, endliche Ressource angesehen, die sorgfältig gemessen und organisiert werden muss. Im Gegensatz dazu betreiben Menschen in polychronen Kulturen häufiger mehrere Sportarten gleichzeitig und betrachten Zeit als weniger starr und flexibler.

Diese kulturellen Unterschiede legen nahe, dass die Zeitwahrnehmung nicht immer rein biologisch ist, sondern auch stark von gesellschaftlichen Normen und Werten beeinflusst wird. Die unterschiedlichen Zeitvorstellungen in verschiedenen Kulturen bedeuten, dass es zwar gemeinsame biologische Mechanismen zur Verarbeitung von Zeit gibt, die Art und Weise, wie Zeit erlebt, bewertet und angewendet wird, jedoch je nach kulturellem Kontext stark variieren kann.

Über den Menschen hinaus haben Forscher untersucht, wie andere Tiere Zeit wahrnehmen. Obwohl die biologischen Mechanismen der Zeitwahrnehmung bei Tieren nicht so komplex sind wie beim Menschen, sind viele Arten in der Lage, Zeiträume zu verfolgen und auf zeitliche Signale zu reagieren. Beispielsweise können Tiere wie Vögel, Hunde und Primaten lernen, das Eintreffen von Nahrung oder anderen Reizen anhand von Zeiträumen vorherzusagen. Einige Studien deuten darauf hin, dass bestimmte Tiere, wie Ratten, Zeitintervalle von nur wenigen Sekunden wahrnehmen können, was ein grundlegendes Verständnis des Zeitablaufs zeigt.

Obwohl viele Arten die Fähigkeit teilen, die Zeit zu singen, bleibt unklar, inwieweit sie Zeit auf die gleiche Weise wie Menschen erleben. Insbesondere ist unklar, ob Tiere ein ähnliches Gespür für die Zukunft haben wie Menschen. Während einige Tiere, wie Eichhörnchen, Verhaltensweisen zeigen, die auf Zukunftspläne hindeuten (z. B. das Sammeln von Nahrung für den Winter), ist umstritten, ob sie Zeit auf die gleiche bewusste, selbstreflektierende Weise wahrnehmen wie Menschen. Beispielsweise haben Menschen häufig ein narratives Zeitempfinden, bei dem wir über die Zukunft und die Zukunft im Hinblick auf unsere persönlichen Erfahrungen, Träume und Erinnerungen nachdenken. Es ist fraglich, ob Tiere über diese Art subjektiver Zeiterfahrung verfügen.

Tatsächlich ist die subjektive Zeiterfahrung einzigartig menschlich. Bewusstsein – unsere Fähigkeit, über vergangene und zukünftige Ereignisse in einem persönlichen, zeitlichen Kontext nachzudenken – scheint ein bestimmendes Merkmal der menschlichen Zeitwahrnehmung zu sein. Diese Fähigkeit, sich in Vergangenheit und Zukunft hineinzuversetzen, ermöglicht dem Menschen eine komplexe, bewusste Beziehung zur Zeit, die nicht nur auf dem Beobachten von Zeiträumen, sondern auch auf dem Vorwegnehmen, Erinnern und Reflektieren von Zeit beruht.

Ist die Wahrnehmung von Zeit also normal oder individuell? Die Antwort liegt irgendwo dazwischen. Biologisch gesehen verfügen Menschen über ähnliche neurologische Systeme, die uns das Zeitverständnis ermöglichen. Diese Strukturen – bestehend aus dem präfrontalen Kortex, dem Hippocampus und dem Gyrus supramarginalis – sind in allen menschlichen Populationen vorhanden, was auf eine gemeinsame organische Grundlage für die Zeitwahrnehmung schließen lässt. Unser Zeiterleben ist jedoch alles andere als identisch. Es wird von einer Vielzahl von Faktoren geprägt, darunter Persönlichkeitspsychologie, kulturelle Einflüsse und äußere Umstände. Obwohl unsere biologische Veranlagung die Grundlage für die Zeitwahrnehmung bildet, ist es die einzigartige Kombination persönlicher, sozialer und umweltbedingter Faktoren, die individuelle und kulturelle Unterschiede im Zeiterleben hervorruft.

In diesem Sinne ist die Fähigkeit, Zeit wahrzunehmen, zwar normal, die Art und Weise, wie Zeit erlebt und verstanden wird, jedoch nicht einheitlich. Vielmehr handelt es sich um eine dynamische Interaktion zwischen unserer Biologie und unserer Umwelt, die zu einer Vielzahl zeitlicher Geschichten in verschiedenen Kulturen und Völkern führt. Die Frage, ob das

Fevzi H.

Zeitempfinden „vorherrschend" oder „privat" ist, betrifft daher weniger die inhärente Mechanik der Zeit, sondern vielmehr die vielfältige Art und Weise, wie unser Gehirn, unser Körper und unsere Gesellschaft mit der Zeit interagieren. Dieses komplexe Zusammenspiel deutet darauf hin, dass unsere Zeitwahrnehmung ein zutiefst persönliches und kontextabhängiges Phänomen ist, das sowohl durch biologische Mechanismen als auch durch subjektive Geschichten des Geistes stimuliert wird.

KAPITEL 2

Die Rolle des Bewusstseins im Laufe der Zeit

2.1 Vergangenheit, Gegenwart und Zukunft: In welcher Zeit lebt das Bewusstsein?

Das Konzept der Zeit ist seit langem Gegenstand intensiver Forschung in Philosophie, Physik und Kognitionswissenschaft. Wenn wir von Zeit sprechen, meinen wir üblicherweise den linearen Verlauf von Vergangenheit, Gegenwart und Schicksal. Dabei ist die Vergangenheit das, was bereits geschehen ist, die Gegenwart der Augenblick, den wir gerade erleben, und das Schicksal wird sich erst noch entfalten. Doch wo befindet sich das Bewusstsein in diesem Kontinuum? Liegt der Fokus im Jenseits, in der Gegenwart oder in der Zukunft – oder vielleicht gerade jetzt in allen dreien? Diese Frage liegt an der Schnittstelle zwischen subjektiver Erfahrung, kognitiver Neurowissenschaft und den grundlegenden Gesetzen der Physik.

Unser allgemeines Zeitverständnis basiert auf dem Konzept der Linearität. Die Zeit fließt in einem einzigen Weg, von der Vergangenheit durch die Gegenwart in die Zukunft. Diese Vorstellung erfasst jedoch möglicherweise nicht vollständig die Komplexität der Beziehung der Aufmerksamkeit zur Zeit. Während wir Zeit als linear erleben, mit klaren Unterschieden zwischen Vergangenheit, Gegenwart und Zukunft, ist die Wahrnehmung des „Vorherrschenden" oft schwer fassbar.

In der kognitiven Technologie ist es erwiesen, dass das Gehirn ständig eingehende Sinneseindrücke verarbeitet, zukünftige Ereignisse vorhersagt und Erinnerungen an vergangene Ereignisse speichert. Das „Jetzt", das wir erleben, ist möglicherweise weniger ein fester Moment, sondern vielmehr ein Prozess der Integration, bei dem Sinneseindrücke ständig angepasst werden, um vergangene Eingaben zu berücksichtigen, während zukünftige Auswirkungen erwartet werden. Dies deutet darauf hin, dass unser bewusstes Bewusstsein möglicherweise nicht nur in der Gegenwart existiert, sondern sich auch über die Zeit erstreckt und Vergangenheit, Gegenwart und Zukunft in einem dynamischen Fluss kontinuierlich integriert.

Um zu verstehen, wie das Bewusstsein Zeit wahrnimmt, ist es entscheidend, die Mechanismen der Zeitverarbeitung im Gehirn zu beobachten. Neuroimaging-Studien haben gezeigt, dass bestimmte Hirnregionen, darunter der präfrontale Kortex und der Hippocampus, eine entscheidende Rolle für unser Zeitverständnis spielen. Der Hippocampus ist beispielsweise an der Erinnerungsbildung und der Zeitverarbeitung beteiligt und ermöglicht es uns, Ereignisse sequenziell zu verarbeiten und eine zusammenhängende Erzählung unseres Lebens zu konstruieren.

Zeitliches Denken ist kein passiver Prozess; es wird durch Aufmerksamkeit, Erinnerung und die Vorhersage zukünftiger Ereignisse beeinflusst. Wenn wir beispielsweise ein Ereignis erwarten, bereitet sich unser Gehirn bereits darauf vor, bevor es überhaupt eintritt. Diese Fähigkeit, die Zukunft zu „erwarten", kann beeinflussen, wie wir die Gegenwart erleben. Tatsächlich könnte vieles von dem, was wir als „Gegenwart" wahrnehmen, auch eine Zusammenstellung unseres Gehirns sein, die auf unseren unmittelbaren vergangenen Geschichten und Vorhersagen für das, was als Nächstes passieren wird, basiert.

Einer der tiefgreifendsten Aspekte menschlicher Aufmerksamkeit ist das Genießen des gegenwärtigen Augenblicks. Das „Jetzt" ist eine flüchtige, vergängliche Erfahrung, die uns ständig zu entgleiten scheint, sobald wir versuchen, sie zu begreifen. Dieses Paradoxon – das ständige Entgleiten des Vorhandenen ins Jenseits – wird in der Philosophie seit Jahrhunderten erforscht. So entwickelte beispielsweise Henri Bergson, ein französischer Wahrheitssucher, das Konzept der „los angeles durée" (Dauer), ein Zeitkonzept, das sich auf gelebte Erfahrung im Gegensatz zur gemessenen Zeit konzentriert. Laut Bergson ist die Zeit, wie wir sie erleben, nicht einheitlich und quantifizierbar, sondern vielmehr fließend und subjektiv.

Trotz seiner Flüchtigkeit ist der gegenwärtige Moment der Punkt, an dem unser Bewusstsein mit der Außenwelt interagiert. Hier treffen wir Entscheidungen, bilden Urteile und reagieren auf Reize. Unsere Wahrnehmung der Gegenwart ist jedoch nicht statisch. Sie verändert sich ständig, wobei das Gehirn unsere Wahrnehmung der Welt kontinuierlich aktualisiert, basierend auf eingehenden Sinnesdaten. Neurowissenschaftliche Theorien des zeitlichen Bewusstseins gehen davon aus, dass der gegenwärtige Moment, den wir erleben, das Ergebnis komplexer Gehirnprozesse ist, die Sinneseindrücke mit inneren Weltmodellen kombinieren. Diese Prozesse sind so schnell und nahtlos, dass sie trotz der zugrunde liegenden Komplexität die Illusion einer kontinuierlichen Gegenwart erzeugen.

Die Vergangenheit ist ein Bereich, der tief in unserem Bewusstsein verankert ist. Erinnerungen sind die wichtigste Verbindung, die wir mit vergangenen Ereignissen herstellen. Der Hippocampus, ein für die Gedächtniskonsolidierung wichtiger Gehirnabschnitt, ermöglicht es uns, Erinnerungen an vergangene Erlebnisse zu speichern und abzurufen. Diese Erinnerungen bilden die Grundlage unserer persönlichen Identität und prägen unser Verständnis der Gegenwart und unsere Erwartungen an die Zukunft.

Die Art und Weise, wie wir die Vergangenheit wahrnehmen, ist jedoch nicht immer ganz korrekt.

Erinnerungen sind äußerst formbar und neigen dazu, im Laufe der Zeit zu verzerren. Das Gehirn speichert Erinnerungen nicht wie ein Aufnahmegerät; stattdessen rekonstruiert es vergangene Ereignisse basierend auf einer Kombination aus Sinneseindrücken, emotionalen Zuständen und kognitiven Fähigkeiten. Diese Rekonstruktion kann zu Verzerrungen oder Erinnerungsfehlern führen und eine dynamische Beziehung zwischen vergangenen Geschichten und unserem heutigen Verständnis davon schaffen.

Darüber hinaus ist die Vergangenheit nicht nur eine Kette von Ereignissen, sondern auch eine Linse, durch die wir das Vorhandene betrachten. Unsere Erinnerungen beeinflussen, wie wir auf aktuelle Umstände reagieren, unsere Entscheidungen steuern und unsere Erwartungen für die Zukunft prägen. Auf diese Weise blickt das Bewusstsein nicht nur auf die Vergangenheit zurück, sondern ist aktiv mit ihr beschäftigt und interpretiert und bewertet vergangene Geschichten im Lichte neuer Statistiken ständig neu.

Während die Vergangenheit in Erinnerungen und Bildern verwurzelt ist, wird die Zukunft meist als Erwartung erlebt. Menschliches Wissen ist in vielerlei Hinsicht schicksalsorientiert, da es ständig vorhersagt und plant, was als Nächstes passieren könnte. Das Gehirn entwickelt kontinuierlich Erwartungen, die auf vergangenen Erfahrungen und Sinneseindrücken basieren, sodass wir uns mit einem Gefühl der Vorbereitung durch die Welt bewegen können.

In der kognitiven Neurowissenschaft ist dieser prädiktive Aspekt der Wahrnehmung mit dem Default Mode Network (DMN) des Gehirns verbunden. Dieses ist aktiv, wenn wir uns nicht auf äußere Reize konzentrieren, sondern mit inneren Denkprozessen wie Tagträumen oder Zukunftsplänen beschäftigt sind. Das DMN ermöglicht es uns, zukünftige Ereignisse im Kopf zu simulieren und vergangene Geschichten als Vorlage für das zu nutzen, was als Nächstes passieren könnte. Diese Fähigkeit, die Zukunft vorherzusagen, ist nicht nur ein kognitives Werkzeug – sie ist ein Überlebensmechanismus, der uns hilft, potenzielle Bedrohungen und Chancen zu antizipieren.

Dieser prädiktive Charakter des Wissens bedeutet jedoch auch, dass unsere Wahrnehmung der Zukunft maßgeblich von unseren Erwartungen und Überzeugungen geprägt ist. Diese Vorhersagen treffen nicht immer zu, und das Schicksal entwickelt sich oft anders als unsere Vorhersagen. Diese dynamische Spannung zwischen Erwartung und Realität bildet die Grundlage für viele unserer emotionalen Reaktionen – Überraschung, Anspannung, Freude –, je nachdem, wie sehr das Schicksal mit unseren Vorhersagen übereinstimmt.

Die Datierung zwischen Erkenntnis und Zeit lässt sich nicht leicht beschreiben. Existiert Erkenntnis in jedem Moment einzeln, wie eine Reihe aneinandergereihter Momentaufnahmen, oder fließt sie kontinuierlich durch die Zeit und integriert Vergangenheit, Gegenwart und Zukunft in einen kontinuierlichen Aufmerksamkeitsfluss? Eine Möglichkeit ist, dass Erkenntnis von Natur aus zeitlos ist und außerhalb des traditionellen Zeitflusses existiert, so wie wir ihn wahrnehmen. Einige Konzentrationstheorien, wie die des Physikers Roger Penrose, gehen davon aus, dass Erkenntnis durch Quantenprozesse entsteht, die nicht durch klassische Zeitbegriffe bestimmt werden können.

Alternativ könnte Erkenntnis eher einer fortlaufenden Erzählung ähneln, die ständig vergangene Berichte, gegenwärtige Wahrnehmungen und Zukunftserwartungen miteinander verknüpft. Diese erzählerische Form ermöglicht es uns, unser Leben zu verstehen und aus dem Chaos der Sinneseindrücke und intellektuellen Ansätze eine zusammenhängende Geschichte zu entwickeln. Der gegenwärtige Moment wird in dieser Sichtweise zu einem flüchtigen, aber entscheidenden Teil eines viel größeren Kontinuums, wobei jedes „Jetzt" eng mit der Zukunft und dem Schicksal verbunden ist.

Die Frage, wo Bewusstsein im Spektrum der Zeit „lebt", ist äußerst komplex. Schließlich sind wir Geschöpfe der Zeit, präsent in einer Welt, die von Vergangenheit zu Gegenwart und Zukunft zu treiben scheint. Doch unser Zeiterleben ist kein einfacher linearer Prozess; es ist ein sich ständig weiterentwickelndes Wechselspiel zwischen Erinnerung, Erwartung und dem gegenwärtigen Moment. Das Gehirn konstruiert unsere Wahrnehmung der Zeit durch komplexe neuronale Prozesse, die auf vergangene Ereignisse zurückgreifen, zukünftige Ereignisse vorhersagen und ein kontinuierliches Bewusstsein für das Bestehende schaffen. Auf diese Weise wird Bewusstsein sowohl durch die Zeit geprägt als auch, in manchen Fällen, in der Rückschau. Auch wenn wir in der Gegenwart verweilen, erstreckt sich unsere Aufmerksamkeit über das gesamte zeitliche Kontinuum und verbindet ständig Vergangenheit und Zukunft in einem dynamischen Tanz aus Denken und Erleben.

2.2 Zeitloses Bewusstsein: Die Realität von Erinnerungen und Gedanken

Das Konzept der Aufmerksamkeit und ihrer zeitlichen Einordnung beschäftigt Philosophen, Wissenschaftler und Denker seit Jahrhunderten. Einer der faszinierendsten Aspekte der menschlichen Aufmerksamkeit ist ihr Erleben der Zeit – genauer gesagt ihre offensichtliche Fähigkeit, sie zu transzendieren. Obwohl wir in einer Welt leben, die durch den linearen Fluss der Zeit geprägt ist, scheint unser Bewusstsein oft jenseits dieser Strömung zu existieren, insbesondere wenn wir Erinnerungen reflektieren oder uns mit Gedanken beschäftigen. In diesen Momenten erleben wir eine Art „zeitloses" Reich, in dem die Grenzen von Vergangenheit, Gegenwart und Schicksal aufzulösen scheinen.

Das Gedächtnis ist einer der komplexesten Bereiche, in denen die Aufmerksamkeit der Zeit zu trotzen scheint. Wenn wir uns an ein vergangenes Ereignis erinnern, erleben wir es nicht in Echtzeit. Vielmehr rekonstruieren wir die Vergangenheit mental in einem Prozess, der im gegenwärtigen Moment vollständig abläuft. Dieses Phänomen zeigt, dass unser Erinnerungserlebnis nicht direkt an den Lauf der Zeit gebunden ist, sondern als intellektuelles Gefüge existiert – eine vom Gehirn erzeugte Simulation vergangener Ereignisse.

Der Prozess des Erinnerns ist kein passiver Abruf von Informationen aus einer intellektuellen „Garagenbank". Vielmehr erfordert er komplexe neuronale Aktivität, die Erinnerungen anhand verschiedener Hinweise rekonstruiert: sensorische Reize, emotionaler Kontext und frühere Erfahrungen. Neurowissenschaftliche Studien haben gezeigt, dass unsere Gehirnaktivität, sobald wir etwas nicht vergessen, die neuronalen Muster, die zum Zeitpunkt des tatsächlichen Ereignisses aktiv waren, genau widerspiegelt. Diese Rekonstruktion ist jedoch anfällig für Verzerrungen und Neuinterpretationen. Erinnerungen sind also keine statischen Repräsentationen der Vergangenheit, sondern werden in der Gegenwart ständig aktualisiert und neu geformt.

Diese zeitliche Diskrepanz in der Erinnerung ist besonders ausgeprägt bei Blitzlicht-Erinnerungen – lebhaften, sehr konkreten Erinnerungen an wichtige Ereignisse, wie beispielsweise ein beunruhigendes Ereignis oder ein lebensveränderndes Erlebnis. Trotz ihrer Lebhaftigkeit sind diese Erinnerungen immer noch vom aktuellen Kontext und der emotionalen Verfassung der Person geprägt, die sich an sie erinnert. Im Grunde erleben wir die Vergangenheit nicht vollständig neu, sondern stellen sie uns durch die Linse unseres aktuellen Bewusstseins neu vor.

Neben der Erinnerung scheint auch das Denken außerhalb der Grenzen der Zeit zu existieren. Unsere Fähigkeit, Vergangenheit, Gegenwart und Schicksal gleichzeitig zu betrachten, zeugt von der Fähigkeit des Geistes, die lineare Zeit zu überwinden. Wenn wir uns mit mentalen Aktivitäten wie Tagträumen, Planen oder Fantasieren beschäftigen, bewegen wir uns oft fließend zwischen außergewöhnlichen Zeitzuständen. Wir können uns ein Schicksalsereignis lebhaft vorstellen, uns an eine Kindheitserinnerung erinnern oder vielleicht eine Interaktion vom Vortag noch einmal durchleben – alles innerhalb weniger Augenblicke.

Dieses Potenzial, gedanklich durch die Zeit zu reisen, ist ein Kennzeichen des Bewusstseins. Kognitionswissenschaftler haben festgestellt, dass das Default Mode Network (DMN) des Gehirns in Momenten des gedanklichen Abschweifens besonders aktiv ist. Das DMN ist an selbstreferenziellem Staunen beteiligt, ebenso wie an der Reflexion vergangener Erfahrungen oder der Betrachtung zukünftiger Möglichkeiten. Es ermöglicht dem Geist, aus dem gegenwärtigen Moment auszusteigen und sich gleichzeitig mit bestimmten zeitlichen Realitäten auseinanderzusetzen. Dies zeigt, dass der Geist nicht auf das Hier und Jetzt beschränkt ist, sondern in der Lage ist, zeitliche Erfahrungen auf eine Weise aufzubauen und zu manipulieren, die sich unsterblich anfühlt.

Sowohl Gedächtnis als auch Vorstellungsvermögen haben eine wichtige Eigenschaft: ihre Fluidität. Im Gegensatz zu körperlichen Aktivitäten, die sich in einer streng linearen Reihenfolge abspielen, unterliegen intellektuelle Prozesse wie Erinnerungen und Gedächtnis nicht denselben Zwängen. Wenn wir uns an etwas erinnern, sind wir nicht auf eine einfache, unveränderliche Abfolge von Aktivitäten beschränkt. Stattdessen können Erinnerungen neu geordnet, neu interpretiert oder sogar neu kombiniert werden. Gedanken über die Zukunft sind ebenso formbar, angeregt durch unsere moderne Welt der Gedanken, Ziele und Erwartungen.

Diese Fluidität zeigt, dass Aufmerksamkeit nicht wie das Ticken der Uhr funktioniert. Stattdessen ermöglicht sie uns, flexibler und dynamischer mit der Zeit umzugehen. Wir können die Vergangenheit wieder aufleben lassen, als wäre sie in der Gegenwart geschehen, uns in die Zukunft hineinversetzen, als wären wir bereits dort, und unsere gegenwärtigen Erfahrungen mithilfe von Wissen aus der Vergangenheit und Zukunftsprojektionen neu ausrichten.

In diesem Sinne ist Zeit nicht etwas, das wir „durchleben", sondern etwas, das unsere Aufmerksamkeit aktiv gestaltet. Die Fähigkeit, Zeiträume auf diese Weise zu steuern, eröffnet neue Einblicke in das, was es bedeutet, bewusst zu sein. Anstatt passive Beobachter des Zeitablaufs zu sein, wirken wir aktiv an der Konstruktion unserer zeitlichen Realität mit.

Was bedeutet es, wenn Konzentration „zeitlos" ist? Wenn Erinnerung und Denken nicht an den gegenwärtigen Moment gebunden sind, sondern sich über die Zeit erstrecken, bedeutet das dann, dass das Erkennen selbst nicht durch die Zeit bestimmt ist? Einige Theorien der Neurowissenschaften und Philosophie besagen, dass das Erleben von Zeit eine emergente Eigenschaft der Interaktion des Gehirns mit der Außenwelt ist und nicht eine inhärente Eigenschaft des Erkennens selbst. Mit anderen Worten: Während wir die Zeit als linear erleben, existiert das Bewusstsein möglicherweise in einem tieferen Grundzustand, der diesen Verlauf transzendiert.

Eine Möglichkeit, dieses Konzept zu konzeptualisieren, ist die Betrachtung durch die Quantenmechanik. Die Quantentheorie hat gezeigt, dass Teilchen keine bestimmten Positionen haben, bis sie entdeckt werden. Dieser „Beobachtereffekt" zeigt, dass Aufmerksamkeit auch bei der

Gestaltung der Realität selbst eine Rolle spielen kann. Wenn Aufmerksamkeit unser Verständnis und unsere Interaktion mit der Welt beeinflussen kann, liegt es nahe, dass sie auch unser Zeitempfinden beeinflussen kann.

In dieser Sichtweise kann Konzentration als ein fortlaufender Prozess „zeitloser" Wahrnehmung betrachtet werden, der ständig mit der Welt interagiert, um die Illusion von Zeit zu erzeugen. Vergangenheit, Gegenwart und Zukunft sind keine konstanten oder objektiven Realitäten, sondern werden vom Gehirn als Reaktion auf Sinneseindrücke und innere Verarbeitung konstruiert. Bewusstsein erlebt Zeit also nicht immer wirklich, sondern gestaltet sie aktiv.

Das Erleben von Zeit spielt eine wichtige Rolle für unser Selbstgefühl. Unsere Identität baut auf der Kontinuität der Erinnerung auf, der Fähigkeit, vergangene Geschichten zu reflektieren und uns in die Zukunft zu wagen. Ohne dieses Gefühl der Kontinuität hätten wir kein klares Gefühl dafür, wer wir sind und wohin wir gehen. Das Jenseits gibt uns Halt, das Vorhandene ermöglicht uns, das Leben zu erfahren, und das Schicksal bietet uns die Möglichkeit zur Veränderung und Entwicklung.

Diese Kontinuität ist jedoch nicht immer so stark, wie sie scheinen mag. Das Gedächtnis ist fehlbar, und das Selbst ist nicht immer eine feste Größe, sondern entwickelt sich ständig weiter. Während sich unsere Erinnerungen verändern und unser Geist sich verändert, verändert sich auch unser Selbstgefühl. Diese Fluidität der Identität weist auf eine tiefere Tatsache hin: Unsere Wahrnehmung der Zeit – und, durch die Ausdehnung, unsere Selbsterfahrung – ist nicht so objektiv oder starr, wie es scheinen mag. Das Selbst ist, wie die Zeit, eine Ansammlung von Aufmerksamkeit, geformt durch unseren Geist, unsere Erinnerungen und Projektionen.

Die Unvergänglichkeit der Aufmerksamkeit wirft tiefgreifende Fragen über die Natur der Wahrheit selbst auf. Wenn Erkenntnis die Zeit überdauern kann, kann sie dann auch den Raum überdauern? Leben wir gewissermaßen in einer Welt, die von unserem Geist geformt wird, anstatt in einer, die unabhängig von uns existiert? Diese Fragen stellen die traditionelle Sichtweise der Realität als etwas Äußeres und Zielhaftes infrage. Stattdessen legen sie nahe, dass Wahrheit ein emergenter Bestandteil des Bewusstseins sein könnte – eine dynamische Interaktion zwischen Geist und Umwelt, die sich ständig im Wandel befindet.

Diese Sichtweise steht im Einklang mit bestimmten Interpretationen der Quantenmechanik, die besagen, dass der Beobachter eine aktive Rolle bei der Gestaltung der Realität spielt, die er erlebt. Wenn Bewusstsein Zeit, Erinnerung und Identität formen kann, dann ist es wahrscheinlich, dass es auch die Natur der Realität selbst formen kann. In diesem Sinne ist die „unsterbliche" Natur des Bewusstseins nicht nur eine philosophische Abstraktion, sondern ein wesentlicher Bestandteil unserer Auseinandersetzung mit dem Universum.

Die Beziehung zwischen Bewusstsein und Zeit ist weitaus komplexer als der bloße Vergängliche von Augenblicken. Erinnerung und Denken ermöglichen uns, die Zeit fließend, dynamisch und stets transzendent zu erleben. Das Bewusstsein scheint in einem zeitlosen Raum zu agieren, in dem Vergangenheit, Gegenwart und Zukunft nicht starr sind, sondern im gegenwärtigen Moment ständig neu konstruiert werden. Diese Information stellt traditionelle Vorstellungen von Zeit und Realität in Frage und eröffnet eine neue Perspektive auf die Rolle des Beobachters bei der Gestaltung unserer Erfahrung mit der Welt. Weit davon entfernt, passive Beobachter der Zeit zu sein, sind wir aktive Teilnehmer an der Gestaltung unserer zeitlichen Realität und konstruieren und manipulieren unsere Wahrnehmung der Welt kontinuierlich auf eine Weise, die die Grenzen der Zeit selbst überschreitet.

2.3 Déjà-Vu, Intuitionen und die Möglichkeit mentaler Zeitsprünge

Die Phänomene Déjà-vu und Präkognition interessieren seit langem sowohl die medizinische Fachwelt als auch die breite Öffentlichkeit. Diese Berichte stellen unser Wissen über Bewusstsein, Zeit und Gedächtnis auf die Probe und geben Einblicke in eine mögliche Realität, in der unsere

Wahrnehmung der Welt möglicherweise nicht so linear oder eingeschränkt ist, wie wir erwarten. Déjà-vu – das unheimliche Gefühl, eine Situation schon einmal erlebt zu haben – Intuitionen, die das Schicksal vorherzusagen scheinen, und sogar das Konzept mentaler Zeitreisen oder „Zeitsprünge" deuten darauf hin, dass Konzentration Fähigkeiten besitzen könnte, die über den linearen Zeitverlauf hinausgehen.

Déjà-vu ist wohl das bekannteste und komplexeste dieser zeitbezogenen Phänomene. Es ist gekennzeichnet durch das Gefühl, ein vergangenes Erlebnis sei bereits vergangen, oft begleitet von einem starken Gefühl der Vertrautheit und manchmal auch einem Gefühl unheimlicher Erinnerung. Das Erlebnis ist flüchtig, hinterlässt aber einen bleibenden Eindruck beim Betroffenen, der sich fragen kann, ob es sich um einen Fehler in der Zeitmatrix oder um ein unbekanntes Objekt des Bewusstseins handelt.

Aus neurologischer Sicht wird Déjà-vu mit den Erinnerungs- und Erkennungssystemen des Gehirns in Verbindung gebracht, insbesondere mit dem Temporallappen, der für die Verarbeitung von Erinnerungen zuständig ist. Eine Theorie besagt, dass Déjà-vu auftritt, wenn es zu einer Verzögerung bei der Verarbeitung sensorischer Daten kommt, wodurch das Gehirn ein aktuelles Erlebnis als Erinnerung interpretiert. Im Wesentlichen nimmt das Gehirn den aktuellen

Moment als Erinnerung wahr und löst so ein Gefühl der Vertrautheit aus.

Eine andere Theorie besagt, dass Déjà-vu auch durch einen Konflikt zwischen dem Kurzzeitgedächtnis und den Langzeitgedächtnisstrukturen entstehen kann. Dieser Konflikt kann das Gefühl erzeugen, ein vergangenes Ereignis erneut zu erleben, da das Gehirn gleichzeitig auf mehrere Erinnerungsquellen zurückgreift. Diese Erklärung berücksichtigt jedoch nicht das tiefgreifende Gefühl der zeitlichen Verzerrung, das mit dem Erlebnis einhergeht.

Einige Psychologen und Neurowissenschaftler spekulieren, dass Déjà-vu auch eine Art „zeitlicher Störung" darstellen könnte, bei der das Gehirn die Gegenwart kurzzeitig mit einer noch nicht vollständig eingetretenen Version der Zukunft oder der Zukunft vermischt. In dieser Interpretation ist Déjà-vu möglicherweise kein Gedächtnisfehler, sondern ein flüchtiger Moment einer intellektuellen „Zeitreise", bei der das Gehirn die Zukunft wahrnimmt, bevor sie stattgefunden hat, oder die Zukunft, als würde sie sich wiederholen. Dies wirft die verlockende Möglichkeit auf, dass die Zeit nicht so konstant ist, wie sie scheint, und dass unser Gehirn in der Lage sein könnte, Zeit auf eine Weise wahrzunehmen, die die konventionelle Abfolge von Ereignissen umgeht.

Ein weiteres Phänomen, das unser traditionelles Zeitverständnis in Frage stellt, ist der Instinkt, insbesondere wenn er näher an Schicksalsereignisse zu verweisen scheint. Diese intuitiven Erkenntnisse, oft als „Bauchgefühle" bezeichnet, können sich auch als unerwartetes, unerklärliches Wissen über Dinge äußern, die noch gar nicht entstanden sind. Während Instinkt häufig der unbewussten Verarbeitung bekannter Ereignisse zugeschrieben wird – einschließlich der Erkennung von Stilen oder der Nutzung früherer Erfahrungen –, gibt es Fälle, in denen Instinkt diese Logik zu überschreiten scheint und Einblicke in Schicksalsereignisse zu geben scheint.

Diese Art von Instinkt wird üblicherweise mit Präkognition in Verbindung gebracht, der angeblichen Fähigkeit, Schicksalsereignisse vorherzusehen, bevor sie eintreten. Während Präkognition in der Wissenschaft weiterhin mit Skepsis betrachtet wird, gibt es zahlreiche Erfahrungsberichte von Menschen, die Visionen, Träume oder Gefühle hatten, die später mit realen Ereignissen in der Welt übereinstimmten. In einigen Fällen behaupten Menschen, Verletzungen, persönliche Tragödien oder sogar wichtige Ereignisse in der Welt lange vor ihrem Eintreten vorhergesehen zu haben. Diese Geschichten, ob als Zufälle oder tatsächliche Präkognition interpretiert, legen nahe, dass unser Bewusstsein möglicherweise auch über ein unerklärliches Potenzial verfügt, die Zukunft zu „spüren".

Aus wissenschaftlicher Sicht gibt es zahlreiche Theorien, die das Phänomen der Präkognition zu erklären versuchen.

Eine Möglichkeit ist, dass Intuition und Präkognition mit der Fähigkeit des Gehirns zusammenhängen, diffuse Muster in der Umgebung zu erkennen. Dieser Theorie zufolge verarbeitet das Gehirn kontinuierlich große Mengen an Informationen – weit mehr, als uns bewusst ist – und ermöglicht es uns, versteckte Hinweise zu erkennen, die auf Schicksalsfolgen hindeuten könnten. Dies könnte bedeuten, dass das, was wir als „das Schicksal kennen" verstehen, tatsächlich darauf zurückzuführen ist, dass unser Unterbewusstsein diese Informationen verarbeitet, bevor sie unser Bewusstsein erreichen.

Alternativ könnte Präkognition mit der Quantennatur der Zeit selbst verbunden sein. Einige Quantentheorien legen nahe, dass Zeit nicht so linear ist, wie wir sie verstehen, und dass vergangene, gegenwärtige und zukünftige Ereignisse nichtlinear nebeneinander existieren könnten. Wenn dies der Fall ist, könnte die Aufmerksamkeit auf diese Zeitlinien des Wandels oder zukünftige Entwicklungen stoßen und Einblicke in Ereignisse gewähren, die noch nicht stattgefunden haben.

Das Konzept der „mentalen Zeitsprünge" baut auf diesen Überlegungen auf und zeigt, dass die Konzentration nicht unbedingt dem linearen Zeitverlauf folgt, sondern hin und wieder zwischen verschiedenen Zeitmomenten „springt". Dieses Konzept basiert auf der Annahme, dass die Zeit, wie wir sie erleben, kein fester, ununterbrochener Fluss ist, sondern fließender, wobei das Gehirn zwischen verschiedenen

Zeitpunkten springen kann – sowohl vorwärts als auch rückwärts.

Obwohl dieses Konzept fantastisch klingt, gibt es sowohl in der Physik als auch in den Neurowissenschaften theoretische Ansätze, die solche intellektuellen Zeitsprünge ermöglichen. Insbesondere Zeittheorien der Quantenmechanik und Relativitätstheorie haben die absolute Natur der Zeit in Frage gestellt. Nach der Relativitätstheorie ist Zeit relativ und kann je nach Position in der Raumzeit unterschiedlich erlebt werden. In bestimmten Situationen, beispielsweise in der Nähe von Schwarzen Löchern oder bei Geschwindigkeiten nahe der Lichtgeschwindigkeit, kann die Zeit scheinbar langsamer vergehen oder sogar ganz stillstehen. Diese relativistischen Effekte legen nahe, dass die Zeit, weit davon entfernt, ein konstanter Zustand zu sein, formbar ist und prinzipiell durch Wissen auf eine Weise gesteuert oder „übersprungen" werden kann, die wir noch nicht vollständig verstehen.

Darüber hinaus hat die Untersuchung der neuronalen Aufmerksamkeit des Gehirns gezeigt, dass es in der Lage ist, unerwartet zwischen bestimmten Bewusstseinszuständen zu wechseln. Dies deutet darauf hin, dass die Konzentration nicht auf einen ununterbrochenen Zeitablauf beschränkt ist, sondern durch die Veränderung des Fokusbereichs Zugriff auf einzigartige Momente in der Zeit haben kann. Diese Theorie steht im Einklang mit bestimmten mystischen und esoterischen

Fevzi H.

Traditionen, die von „zeitlosen" Bewusstseinszuständen oder „transzendenten" Erfahrungen sprechen, bei denen der Mensch nicht immer an die linearen Zwänge der Zeit gebunden ist.

Ein weiteres Schlüsselelement der Möglichkeit intellektueller Zeitsprünge liegt in der Rolle des Unterbewusstseins. Das Unterbewusstsein verarbeitet Informationen auf eine Weise, die dem bewussten Selbst nicht ständig zur Verfügung steht, und verarbeitet häufig Fakten aus Vergangenheit, Gegenwart und Zukunft gleichzeitig. Einige psychologische Theorien, darunter Carl Jungs Konzept des kollektiven Unbewussten, legen nahe, dass das Unterbewusstsein eine tiefere, alltägliche Bewusstseinsebene erschließt, die über Persönlichkeitsgeschichten oder sogar lineare Zeit hinausgeht.

Aus dieser Perspektive könnten Erfahrungen wie Déjà-vu, Intuition und Präkognition Ausdruck der Fähigkeit des Unterbewusstseins sein, auf Informationen aus Handelszeitlinien oder zukünftigen Ereignissen zuzugreifen. Das Unterbewusstsein kann zukünftige Möglichkeiten erkennen und dabei auf einen tieferen Informationspool zurückgreifen, der außerhalb der Grenzen der Zeit, wie wir sie verstehen, existiert.

Die Phänomene Déjà-vu, Instinkt und intellektuelle Zeitsprünge stellen unser Verständnis von Zeit und

Jenseits des Verstandes

Konzentration in Frage. Während diese Berichte oft als bloße psychologische Eigenheiten oder Zufälle abgetan werden, werfen sie grundlegende Fragen über den Charakter der Zeit und die Fähigkeit des Geistes auf, ihre Grenzen zu überschreiten. Ob diese Phänomene nun das Ergebnis der komplexen Verarbeitungsstrukturen des Gehirns, der mysteriösen Vorgänge des Unbewussten oder etwas noch Tiefergehendem sind, sie legen nahe, dass unser Zeitempfinden weitaus fließender und formbarer sein kann, als wir annehmen. Wenn Erkenntnis die Zeit überschreiten kann – sei es durch Erinnerung, Instinkt oder direkte intellektuelle Zeitsprünge – könnte dies unser Verständnis vom Wesen der Realität grundlegend verändern und neue Möglichkeiten für menschliche Erfahrung und die Erforschung der Zeit eröffnen.

2.4 Kann unser Gehirn die Zukunft sehen? Theorien zur Zeitumkehr

Zeit ist eines der faszinierendsten und zugleich am wenigsten verstandenen Konzepte der menschlichen Erfahrung. Unser konventionelles Wissen lässt vermuten, dass die Zeit wie ein Fluss fließt, der von der Vergangenheit durch die Gegenwart in die Zukunft fließt. Die Beziehung zwischen menschlichem Bewusstsein und Zeit geht jedoch über diese konventionellen Vorstellungen hinaus. Können Menschen die Zeit rückwärts fließen sehen? Kann unser Verstand die

Zukunft wahrnehmen? Diese Fragen sind sowohl wissenschaftlich als auch philosophisch tiefgreifend, aber dennoch voller Unsicherheiten. Während sich unser Wissen über die Natur der Zeit weiterentwickelt, können Theorien, die darauf hindeuten, dass die Zeit rückwärts fließen kann, uns helfen, die Möglichkeiten des menschlichen Bewusstseins zu erforschen.

Das Konzept der rückwärts fließenden Zeit stellt das klassische Newtonsche Zeitkonzept in Frage, das Zeit als stetigen und regelmäßigen Verlauf betrachtet. Albert Einsteins Relativitätstheorien führten jedoch die Annahme ein, dass Punkt nicht absolut ist, sondern mit Fläche verflochten ist und ein vierdimensionales Raum-Zeit-Gefüge bildet. In Einsteins Relativitätstheorie variiert der Zeitablauf je nach Bewegung des Beobachters und den auf ihn einwirkenden Gravitationseinflüssen. Dies deutet darauf hin, dass Punkt nicht linear sein kann und dass Zeit unter bestimmten Bedingungen auch in bestimmten Abständen verlaufen kann.

Einsteins spezielles Relativitätsprinzip beispielsweise besagt, dass sich die Geschwindigkeit eines Objekts mit annähernd Lichtgeschwindigkeit verlangsamt. Dies zeigt, dass Zeit keine feste Größe ist, sondern relativ ist und von Geschwindigkeit und Schwerkraft abhängt. Dies bedeutet jedoch nicht, dass sich die Geschwindigkeit umkehren lässt. Die Zeit scheint sich immer noch in eine Richtung zu bewegen

– von der Vergangenheit zur Gegenwart und schließlich zur Zukunft.

Das Konzept der Zeitumkehr wurde am umfassendsten im Zusammenhang mit Schwarzen Löchern und extremen Bedingungen im Kosmos erforscht. In der Nähe eines Schwarzen Lochs kann sich die Zeit dramatisch verlangsamen, und in einigen theoretischen Modellen könnte sie sogar „rückwärts" driften. Solche Theorien sind jedoch weitgehend spekulativ und philosophisch, da es derzeit keine stichhaltigen Beweise für die Umkehrung der Zeit gibt.

Die Quantenmechanik präsentiert noch komplexere und paradoxere Überlegungen zum Wesen der Zeit. Die Quantentheorie zeigt, dass Zeit deutlich flexibler und mehrdimensionaler ist als das konventionelle Wissen, wobei Paralleluniversen und mehrere „Zeitebenen" höchstwahrscheinlich existieren. Zahlreiche Quantenexperimente haben gezeigt, dass das konventionelle Zeitkonzept unter bestimmten Bedingungen verletzt werden kann.

Quantentunneln beispielsweise beschreibt ein Phänomen, bei dem Teilchen elektrische Grenzen durchdringen können, die sie klassischerweise nicht überwinden könnten. Dieses Phänomen zeigt, dass Ereignisse auf der Quantenskala möglicherweise nicht den konventionellen Zeit- und Raumregeln folgen. Die Zeit kann sich in solchen Fällen anders verhalten, möglicherweise auf eine Weise, die ihre Umkehrung nahelegt. Diese Phänomene verändern unser Zeitverständnis als einseitiges, unidirektionales Gleiten.

Ein weiteres interessantes Konzept der Quantenmechanik ist die „Superposition" der Zeit. So wie Quantenpartikel gleichzeitig in mehreren Zuständen existieren können, besteht die Möglichkeit, dass sich der Punkt selbst in einer Superposition verschiedener Zustände befindet. In diesem Fall könnte ein Teilchen – oder möglicherweise sogar eine ganze Maschine – gleichzeitig sowohl vergangene als auch zukünftige Ereignisse erleben. Dies deutet darauf hin, dass die Zeit auf Quantenebene nicht linear verläuft und dass bestimmte bewusstseinsbezogene Phänomene aus dieser Nichtlinearität entstehen können.

Bevor wir untersuchen, ob das Gehirn das Schicksal vorhersehen sollte, ist es wichtig, die Verbindung zwischen Gehirn und Zeit zu verstehen. Unser Gehirn speichert nicht nur den aktuellen Moment; es erinnert sich ständig an vergangene Ereignisse und versucht, das Schicksal basierend auf diesen Erinnerungen vorherzusagen. Diese Fähigkeit zur Vorhersage ist für die Entscheidungsfindung von entscheidender Bedeutung und ermöglicht es uns, vorherzusagen, was als Nächstes passieren wird. Oftmals können wir reagieren, bevor ein Ereignis vollständig eintritt.

Diese Fähigkeit, das Schicksal vorherzusehen, mag wie eine Art „Vorhersehen" erscheinen, obwohl es sich in Wirklichkeit um eine überraschend komplexe Methode handelt, zukünftige Ereignisse auf der Grundlage verfügbarer Informationen zu modellieren und zu simulieren. Unser Gehirn nutzt vergangene Geschichten und Hinweise, um Vorhersagen über das wahrscheinlichste Ereignis zu treffen – eine wichtige Fähigkeit für das Überleben und soziale Interaktionen. Diese Fähigkeit ist jedoch kein paranormaler oder übernatürlicher Blick in die Zukunft, sondern das Ergebnis des unaufhörlichen Versuchs des Gehirns, zu verarbeiten und vorherzusagen.

Manche Berichte, darunter intensive Intuitionen oder „Bauchgefühle", können sich jedoch so anfühlen, als würde das Gehirn die Zukunft sehen. Diese Gefühle lassen sich dadurch erklären, dass das Gehirn aus seiner großen Datenbank an vergangenen Erfahrungen schöpft und diese unbewusst verarbeitet, um den Ausgang eines bestimmten Szenarios vorherzusagen. Das Gehirn „sieht" die Zukunft zwar nicht wirklich, aber es prognostiziert und bereitet sich darauf vor, was wahrscheinlich eintreten wird.

Die Theorien zur Zeitumkehr und zu Zeitreisen gehen regelmäßig über rein physikalische Mechanismen hinaus und berücksichtigen das Bewusstsein als fähigen Akteur der Zeitmanipulation. Wäre die Zeit wirklich nichtlinear und das Bewusstsein könnte darüber hinausgehen, könnte es möglicherweise den Zeitfluss steuern oder sogar kontrollieren. Dies könnte darauf hindeuten, dass Zeitreisen nicht nur auf physikalischer Bewegung durch die Zeit beruhen, sondern das Gehirn oder die Aufmerksamkeit außerhalb der konventionellen Grenzen der Zeit einbeziehen.

In verschiedenen Werken der Science-Fiction und der philosophischen Theorie wird Zeitreisen oft im Zusammenhang mit der Umkehrung der Zeit erwähnt. Wenn die Zeit tatsächlich nichtlinear ist und bewusste Wesen über ihre Grenzen hinausgehen können, könnte Zeitreisen eher eine Form der Übertragung von Wahrnehmung oder Bewusstsein sein als eine physische Rückwärtsbewegung in der Zeit. Dieses Konzept ist eng mit Quantenbewusstseinstheorien und der Fähigkeit des menschlichen Bewusstseins verbunden, alternative Realitäten oder Zeitebenen zu erschließen.

Die Vorstellung, dass Aufmerksamkeit durch die Zeit „navigieren" kann, hat tiefgreifende Auswirkungen auf unser Verständnis von Zeit und Aufmerksamkeit. Wenn der Geist oder die Gedanken in einem Zustand existieren können, der vom natürlichen Lauf der Zeit unberührt bleibt, könnten sie zukünftige Ereignisse wahrnehmen oder sogar auf eine Weise beeinflussen, die nach den gegenwärtigen physikalischen Gesetzen unmöglich erscheint.

Da wir die lineare Natur der Zeit weiterhin in Frage stellen, wird sich unser Verständnis von der Datierung des

Erkennens und seiner Bedeutung zwangsläufig weiterentwickeln. Theorien zur Umkehrung der Zeit, obwohl spekulativ, bieten faszinierende Einblicke in das Potenzial des menschlichen Bewusstseins. Wenn die Zeit flexibler sein könnte, als wir annehmen, dann ist das Bewusstsein selbst möglicherweise nicht immer durch die Beschränkungen des traditionellen Zeitablaufs geschützt. Ob durch Quantenmechanik oder die Vorhersagefähigkeiten des Gehirns – die Vorstellung, dass wir die Zukunft „sehen" können, ist komplexer, als wir annehmen. Diese Prinzipien projizieren unser grundlegendes Wissen über die Realität und legen nahe, dass Punkt und Fokus viel stärker miteinander verbunden und flexibler sein könnten, als wir es je für möglich gehalten hätten.

2.5 Quantengeist und zeitliche Superposition

Das Konzept des „Quantenbewusstseins" und das Konzept der zeitlichen Überlagerung bilden eine faszinierende Schnittstelle zwischen Quantenphysik, Konzentration und der Natur der Zeit. Diese Konzepte stellen traditionelle Vorstellungen von Gedanken und Zeitablauf in Frage, da unsere Wahrnehmung der Realität und unsere Denkprozesse nicht streng von der klassischen Physik bestimmt werden. Stattdessen funktionieren sie möglicherweise im Einklang mit den Prinzipien der Quantenmechanik, in der Zeit kein gleichmäßiger, unidirektionaler Fluss ist und Gedanken gleichzeitig in mehreren Zuständen existieren können. Die Erforschung von Quantengedanken und zeitlicher Überlagerung wirft neue Fragen über die Natur von Wahrnehmung, Zeit und dem eigentlichen Stoff der Realität auf.

Die Quantengedankenhypothese geht davon aus, dass die klassische Physik die Komplexität des menschlichen Bewusstseins nicht vollständig erklären kann. Stattdessen vermuten einige Wissenschaftler und Theoretiker, dass die Quantenmechanik eine bedeutende Rolle bei der Funktionsweise des Gehirns und der Entstehung von Bewusstsein spielen könnte. Dieser Hypothese zufolge könnten Quantensysteme, darunter Superposition, Verschränkung und Kohärenz, an neuronaler Aktivität und kognitiven Fähigkeiten beteiligt sein.

Die Quantenmechanik beschreibt das Verhalten von Teilchen im kleinsten Maßstab. Teilchen können gleichzeitig in mehreren Zuständen existieren (Superposition) und über große Entfernungen hinweg direkt miteinander verbunden sein (Verschränkung). Diese Prinzipien widersprechen unserem klassischen Weltbild, in dem Objekte jeweils nur in einem Zustand existieren und räumlich getrennt sind. Im Quantensystem haben Teilchen keine genau definierten

Eigenschaften, bis sie entdeckt werden, und sie können gleichzeitig in mehreren Zuständen existieren.

Wenn Quantenphänomene wie Superposition und Verschränkung eine Rolle in der Gehirnfunktion spielen, deutet dies darauf hin, dass der Geist möglicherweise gleichzeitig in mehreren Bewusstseins- oder Glaubenszuständen existieren kann. Diese Idee eröffnet neue Möglichkeiten für die Informationswahrnehmung. Anstatt ein linearer, auf den jeweiligen Moment beschränkter Prozess zu sein, könnte der Geist auf Quantenebene funktionieren und so Zugang zu mehreren Perspektiven oder sogar möglichen Realitäten erhalten.

Zeitliche Superposition beschreibt die Idee, dass Zeit, wie Quantenzustände, nicht linear und singulär sein könnte. Anstatt der Gegenwart als ununterbrochener, einseitiger Fortschritt vom Jenseits in die Gegenwart und in die Zukunft zu existieren, könnte Zeit prinzipiell in mehreren Zuständen gleichzeitig existieren, so wie Quantenteilchen in Superposition existieren können. Zeitliche Superposition zeigt, dass der Geist durch Quantenmethoden möglicherweise sofort Zugang zu außergewöhnlichen Momenten in der Zeit erhalten und Jenseits, Gegenwart und Zukunft gleichzeitig erleben könnte. Dies würde einen tiefgreifenden Wandel in unserem Zeitverständnis bedeuten.

In der Quantenmechanik bezeichnet Superposition die Fähigkeit eines Teilchens, bis zu seiner Messung gleichzeitig in mehreren Zuständen zu existieren. Beispielsweise kann ein Elektron in mehreren Energiezuständen gleichzeitig existieren und erst nach seiner Entdeckung „zerfällt" es in einen einzigen Zustand. Dieses Prinzip wurde durch verschiedene Quantenexperimente experimentell bestätigt, darunter das bekannte Doppelspaltexperiment, bei dem sich Teilchen nach ihrer Entdeckung anders verhalten als im ungemessenen Zustand.

Wäre die Zeit selbst Gegenstand einer Superposition, könnten Ereignisse verschiedener Zeitpunkte als Teil einer einheitlichen, multitemporalen Disziplin koexistieren. Dies deutet darauf hin, dass Zeit nicht nur eine lineare Sammlung, sondern eine dynamische, flexible Dimension ist, in der Zukunft, Gegenwart und Zukunft miteinander verwoben und verknüpft sein könnten. Wenn das Gehirn diese Quantensuperposition der Zeit nutzen kann, könnte dies Phänomene wie Präkognition, Zeitverzerrungen und sogar das subjektive Erleben von „Zeitlosigkeit" erklären, das häufig in veränderten Aufmerksamkeitszuständen auftritt.

Einige Vertreter der Quantentheorie vertreten die Ansicht, dass das Gehirn wie ein Quantencomputer funktioniert. Herkömmliche Computer verarbeiten Daten mithilfe binärer Zustände (Null und Eins), während

Jenseits des Verstandes

Quantencomputer Daten mithilfe von Quantenbits (Qubits) verarbeiten, die gleichzeitig in mehreren Zuständen existieren können. Diese Fähigkeit, mehrere Zustände gleichzeitig zu verarbeiten, ermöglicht es Quantencomputern, bestimmte komplexe Probleme deutlich effizienter zu lösen als klassische Computer.

Wenn das Gehirn wie ein Quantencomputer funktioniert, könnte es mehrere mentale Zustände oder Gedanken gleichzeitig verarbeiten, anstatt einem strikt sequenziellen, linearen Prozess zu folgen. Dies würde es dem Gehirn ermöglichen, mit einem höheren Grad an Komplexität und Flexibilität zu arbeiten und möglicherweise mehrere Dimensionen von Zeit, Erinnerung und Erfahrung gleichzeitig zu nutzen. In diesem Modell ist die zeitliche Überlagerung möglicherweise nicht nur ein theoretisches Konzept, sondern ein grundlegendes Problem der Art und Weise, wie das Gehirn Informationen organisiert und verarbeitet.

Wenn das Gehirn beispielsweise vor einer Entscheidung steht, kann es nicht nur die aktuelle Situation im Auge behalten, sondern auch mögliche Zukunftsszenarien „experimentieren" und die Folgen verschiedener Entscheidungen vorhersagen. Dieses System kann eine Art zeitliche Überlagerung beinhalten, bei der das Gehirn gleichzeitig auf mehrere mögliche Zukunftsszenarien zugreift und diese parallel bewertet. Ebenso können Erinnerungen nicht nur als lineare Aktivitäten, sondern als Teil eines größeren, multitemporalen Rahmens gespeichert werden, in dem vergangene, gegenwärtige und zukünftige Ereignisse miteinander verwoben sind.

Das Konzept der Quantengedanken und der zeitlichen Überlagerung hat tiefgreifende Auswirkungen auf unsere Wahrnehmungskompetenz. Wenn der Geist gleichzeitig in mehreren Bewusstseinszuständen existieren kann, könnte dies eine Erklärung für positive Phänomene liefern, die mit einer rein materialistischen Sichtweise von Erkenntnis nur schwer vereinbar sind. Beispielsweise könnten Geschichten von Vorahnungen, Déjà-vus oder sogar „Flashbacks" auf vergangene Ereignisse das Ergebnis der Gedanken sein, die die Überlagerung der Zeit nutzen. Diese Berichte könnten als Einblicke in zukünftige Aktivitäten oder parallele Zeitlinien interpretiert werden, die das Gehirn gleichzeitig verarbeitet.

Darüber hinaus könnte die zeitliche Überlagerung eine Erklärung für veränderte Bewusstseinszustände liefern, wie sie beispielsweise durch Meditation, Psychedelika oder Tiefschlaf hervorgerufen werden. In diesen Zuständen scheint sich die Zeit oft zu verzerren – Momente fühlen sich lang an oder die Zeit scheint stillzustehen. Wäre das Gehirn in der Lage, im Quantenmodus zu arbeiten, könnte es auf mehrere Momente in der Zeit zugreifen, wodurch sich die Zeit selbst verbiegt und dehnt. Dies könnte auch erklären, warum manche Menschen in extrem meditativen Zuständen von „Zeitlosigkeit" berichten oder das Gefühl haben, außerhalb des linearen Zeitflusses zu sein.

Eine weitere spannende Implikation der zeitlichen Überlagerung ist die Möglichkeit der „Gedankenreise". Wenn das Gehirn in der Lage ist, gleichzeitig auf mehrere Zeitmomente zuzugreifen, kann es theoretisch verschiedene Zeitpunkte als einheitliches Ganzes wahrnehmen. Dies könnte darauf hindeuten, dass Zeit nicht etwas ist, das das Gehirn passiv berichtet, sondern etwas, mit dem es aktiv interagiert und möglicherweise sogar manipuliert. Dies könnte eine theoretische Grundlage für Zeitreisen oder die Fähigkeit, durch die Zeit zu navigieren, bieten, obwohl solche Ideen spekulativ und unbewiesen bleiben.

Da sich unser Wissen über Quantenphysik und Bewusstsein ständig weiterentwickelt, bietet die Idee eines Quantendenkens und einer zeitlichen Superposition einen faszinierenden Zugang zu weiteren Forschungen. Wenn das Denken im Einklang mit Quantenprinzipien funktioniert, könnte unsere Wahrnehmung von Zeit weitaus fließender und flexibler sein als bisher angenommen. Die zeitliche Superposition zeigt, dass das Denken gleichzeitig mehrere Zeitpunkte erfassen und so eine zugrunde liegende Quantenrealität erschließen kann, die der traditionellen Linearität der Zeit widerspricht. Diese Ideen hinterfragen unser grundlegendes Wissen über Bewusstsein, Realität und die Natur der Zeit selbst und eröffnen neue Einblicke in die grenzenlosen Möglichkeiten des menschlichen Geistes.

KAPITEL 3

Was ist Realität? Konstruiert das Bewusstsein die Realität?

3.1 Formen unsere Wahrnehmungen die Realität?

Die Realität, wie wir sie kennen, wird oft als objektive, unveränderliche Größe wahrgenommen. Sie ist etwas Gegebenes, etwas, das wir mit unseren Sinnen wahrnehmen – von den einfachsten Dingen und Geräuschen bis hin zu den komplexen Gefühlen und Gedanken, die wir täglich verarbeiten. Ein genauerer Blick auf die Mechanismen der Wahrnehmung und Kognition zeigt jedoch, dass das, was wir als „Realität" bezeichnen, zu einem großen Teil von unserem eigenen Verstand geformt wird. Tatsächlich ist unsere Wahrnehmung der Realität nicht unbedingt ein genaues Abbild der Welt, sondern ein konstruiertes Modell, eine Interpretation, die durch den einzigartigen Rahmen unseres Bewusstseins gefiltert wird.

Wahrnehmung ist nicht immer die passive Aufnahme äußerer Reize, sondern ein aktives System, in dem unser Gehirn eingehende Sinnesinformationen verarbeitet, organisiert und darauf reagiert. Sie wird durch unsere früheren Erfahrungen, emotionalen Zustände, Überzeugungen und sogar Erwartungen beeinflusst. Daher trifft unser Gehirn ständig Entscheidungen darüber, was priorisiert, ignoriert oder neu interpretiert werden soll, oft ohne dass wir uns dessen bewusst sind.

Bedenken Sie, wie zwei Menschen dasselbe Ereignis völlig unterschiedlich wahrnehmen können. Helles Licht kann für den einen einladend wirken, für den anderen hingegen blendend oder unangenehm. Ebenso kann die Wahrnehmung von Farben je nach sensorischer Verdrahtung variieren. Erkrankungen wie Farbenblindheit sind ein hervorragendes Beispiel dafür, wie Wahrnehmung von der Realität abweicht. Dies deutet darauf hin, dass Realität nicht nur ein Satz objektiver Informationen ist, die darauf warten, gefunden zu werden, sondern teilweise durch die Interaktion des Gehirns mit seiner Umgebung entsteht.

Im Mittelpunkt dieser Frage steht das Konzept der „wahrnehmungsbezogenen Realität", das davon ausgeht, dass unsere individuellen Wahrnehmungen der Welt subjektiv sind. Im Wesentlichen ist das, was wir als „real" wahrnehmen, ein Produkt unseres Geistes, das mithilfe der uns zur Verfügung stehenden Sinnesdaten geformt und vom Gehirn mithilfe eines einzigartigen Satzes kognitiver Systeme interpretiert werden kann.

Ein eindrucksvolles Beispiel dafür, wie Wahrnehmung Fakten konstruiert, findet sich in der Praxis der Illusionen. Visuelle oder akustische Illusionen zeigen beispielsweise, wie leicht unser Gehirn dazu verleitet werden kann, etwas zu glauben, das physisch nicht vorhanden ist. Wenn wir eine Fata Morgana am Horizont betrachten oder still Stimmen lauschen, interpretiert unser Gehirn die Welt nicht unbedingt falsch – es entwickelt aktiv neue „Realitäten", die auf unvollständigen oder veränderten Sinnesdaten basieren.

Dieses Konzept der konstruierten Wahrheit geht über die sensorische Wahrnehmung hinaus und berührt die Welt der kognitiven Verarbeitung, die Emotionen und den Verstand umfasst. Unsere emotionalen Zustände können unseren Glauben an die Wahrheit beeinflussen – ein anspruchsvoller Geist kann mehrdeutige Situationen als bedrohlich interpretieren, während ein friedlicher Geist sie als neutral empfindet. Diese subjektive Realität wird zusätzlich durch kognitive Verzerrungen verstärkt, die systematische Abweichungen von rationalen oder objektiven Urteilskriterien darstellen können. Diese Verzerrungen beeinflussen alles, von unseren Idealen und Einstellungen bis hin zu unserem Verständnis von uns selbst und unserer Umwelt.

Darüber hinaus werden unsere Wahrnehmungen häufig durch kulturelle und soziale Faktoren beeinflusst, was die Wahrnehmung einer objektiven, alltäglichen Wahrheit zusätzlich erschwert. Kulturelle Normen, Sprache und gesellschaftliche Systeme prägen die Art und Weise, wie wir sensorische Fakten interpretieren. Dies legt nahe, dass Wahrheit kein statisches, äußeres Faktum ist, sondern ein fließendes Gefüge, das auf Charakter und kollektiven Perspektiven beruht.

Psychologische Theorien wie der konstruktivistische Ansatz zur Kognition unterstützen die Annahme, dass unsere Wahrnehmungen unsere Realitätserfahrung prägen. Dieser Ansicht zufolge nehmen Menschen die Welt um sich herum nicht passiv auf, sondern entwickeln ihr Wissen aktiv durch Interaktionen und Erfahrungen. Der Verstand füllt Lücken, interpretiert mehrdeutige Informationen und passt sich an veränderte Kontexte an – all dies trägt zu unseren individuellen Realitätserfahrungen bei.

Das Phänomen des „Wahrheitstests" dient der weiteren Erforschung des Wesens von Glauben. Dabei vergleichen Menschen die Genauigkeit ihrer Wahrnehmungen mit objektiven Standards. Beim Realitätstest versuchen wir, unsere subjektiven Interpretationen mit externen Wahrheiten oder Statistiken zu vergleichen. Doch selbst dieses System ist durch unsere kognitiven und sensorischen Vorurteile eingeschränkt. Was wir als „real" erachten, kann daher nicht vollständig mit der objektiven Realität im körperlichen oder medizinischen Sinne übereinstimmen.

Manchmal können unsere Wahrnehmungen so verzerrt sein, dass sie völlig von der Außenwelt abweichen, was zu Phänomenen wie Halluzinationen, Wahnvorstellungen und Erkrankungen wie Schizophrenie führen kann. Diese Zustände zeigen die Extreme an, die unsere Gedanken bei der Konstruktion der Realität erreichen können. Wenn die

Fevzi H.

Interpretationsprozesse des Gehirns versagen oder fehlgeleitet werden, kann die einst kohärente und greifbare Welt verzerrt werden, was unser Verständnis davon, was „real" ist und was nicht, beeinträchtigt.

Trotz dieser subjektiven Einflüsse auf die Realität ist es wichtig zu begreifen, dass es auch objektive Faktoren der Realität gibt, Dinge, die unabhängig von persönlichen Überzeugungen konstant bleiben. Physikalische Gesetze, wie die Schwerkraft oder die Thermodynamik, gelten für alle Beobachter einheitlich, unabhängig von persönlichen Überzeugungen oder kognitiven Rahmenbedingungen. Dies erzeugt eine Spannung zwischen Subjektivem und Objektivem, zwischen dem, was wir wahrnehmen und dem, was wissenschaftlich überprüfbar ist. Es stellt sich daher die Frage: Wie können wir unsere subjektive Erfahrung der Realität mit einem objektiven, externen Universum in Einklang bringen, das im Einklang mit festen Gesetzen funktioniert?

In einer Welt, in der Wahrnehmungen manipuliert und verändert werden können, ist es entscheidend zu prüfen, ob Wahrheit überhaupt „real" ist. Können wir jemals behaupten, die Welt so zu verstehen, wie sie ist, unabhängig von unseren kognitiven und sensorischen Filtern? Wenn Wahrheit konstruiert ist, kann es dann dennoch eine bekannte Tatsache geben, die außerhalb des menschlichen Glaubens existiert?

Jenseits des Verstandes

Diese Fragen stellen die Grundlagen unseres Verständnisses des Lebens und des Universums selbst in Frage. Sie regen uns dazu an, nicht nur unsere individuellen Wahrnehmungen der Realität zu überdenken, sondern auch, wie das kollektive menschliche Bewusstsein die gemeinsame Erfahrung der Welt um uns herum prägt. Indem wir untersuchen, wie Glaube unser Verständnis von Realität prägt, werden wir gezwungen, uns mit den Grenzen menschlicher Erkenntnis, den Beschränkungen sensorischer Eingaben und der Frage auseinanderzusetzen, ob unser Verstand die Natur des Universums, da es unabhängig von unserer Wahrnehmung existiert, jemals wirklich begreifen kann.

Die Vorstellung, dass Wahrnehmung die Realität formt, schließt nicht die Existenz einer objektiven Realität aus. Vielmehr legt sie nahe, dass unsere Auseinandersetzung mit der Welt oft über den Geist vermittelt wird, der eine subjektive, oft unvollkommene Interpretation des äußeren Universums konstruiert. Und obwohl dies bedeuten kann, dass die Realität formbarer und weniger eindeutig ist, als wir glauben möchten, eröffnet es zugleich faszinierende Möglichkeiten, die Tiefen des Bewusstseins, des Glaubens und der wahren Natur des Daseins selbst zu erforschen.

3.2 Könnte unser Gehirn die Realität simulieren?

Die Vorstellung, dass das Gehirn die Welt um uns herum nicht nur wahrnimmt, sondern aktiv simuliert, ist eine provokante und zunehmend diskutierte Spekulation in Neurowissenschaft und Philosophie. Wenn wir die enorme Komplexität der Gehirnfunktionen berücksichtigen, wird deutlich, dass vieles von dem, was wir als „Wahrheit" erleben, in Wirklichkeit ein Konstrukt sein könnte – eine Simulation, die aus Sinneseindrücken, Erinnerungen, Erwartungen und kognitiven Fähigkeiten aufgebaut ist. Dies wirft die spannende Frage auf: Könnte unser Gehirn eine Version der Welt erschaffen, die es unserem Bewusstsein präsentiert, so als würden wir eine computergenerierte Simulation erleben, anstatt mit der Welt zu interagieren, wie sie wirklich ist?

Eines der überzeugendsten Argumente für die Idee, dass das Gehirn die Realität simulieren könnte, ist seine prädiktive Natur. Das menschliche Gehirn ist ein enorm leistungsfähiges Organ, das kontinuierlich Informationen aus der Umgebung verarbeitet, voraussieht, was als Nächstes passieren wird, und seine Reaktionen entsprechend anpasst. Neurowissenschaftliche Forschungen haben gezeigt, dass das Gehirn nicht einfach auf Sinneseindrücke reagiert, sondern Vorhersagen über eingehende Reize erstellt, diese mit realen

Sinneseindrücken vergleicht und seine Informationen über die Umgebung basierend auf diesen Vorhersagen anpasst.

Diese Art der Vorhersage ermöglicht es dem Gehirn, sich auf das vorzubereiten, was seiner Meinung nach als Nächstes passieren wird, oft sogar bevor wir uns dessen bewusst sind. Dieser Vorhersagemechanismus ist so effizient, dass viele Aktivitäten des Gehirns unter bewusster Aufmerksamkeit stattfinden können und eine „Simulation" der Realität bilden, in der das Gehirn eine Version der Umgebung basierend auf vergangenen Erfahrungen und kontextuellen Hinweisen erstellt. Wenn Sie beispielsweise einen Raum betreten, hat Ihr Gehirn die Anordnung, die wahrscheinlichen Positionen von Objekten und die Fähigkeitsgrenzen bereits vorhergesehen, noch bevor Sie sie vollständig wahrnehmen. Ihr Gehirn simuliert sozusagen ständig die Umgebung um Sie herum, füllt Lücken und passt seine Vorhersagen an, sobald neue Informationen eintreffen.

Diese Theorie wird durch das Konzept der prädiktiven Kodierung gestützt, einer Form der Gehirnfunktion, die besagt, dass das Gehirn kontinuierlich Hypothesen über die Welt generiert und diese dann anhand eingehender Sinneseindrücke testet. Stimmen die Daten mit den Vorhersagen des Gehirns überein, empfinden wir ein Gefühl von Kohärenz und Konsistenz in unserer Wahrnehmung der Realität. Weichen die Daten von den Vorhersagen ab, registriert das Gehirn einen

Fevzi H.

„Vorhersagefehler" und passt sein Weltbild entsprechend an. Im Wesentlichen aktualisiert das Gehirn seine interne Simulation der Realität ständig, um sie so genau wie möglich an die äußere Welt anzupassen.

Wenn das Gehirn tatsächlich Realität simuliert, wirft dies ähnliche Fragen zur Rolle der Aufmerksamkeit in diesem Prozess auf. Einer der rätselhaftesten Aspekte der Konzentration ist, wie sie überhaupt an den Ausgangspunkt gelangt und warum wir die Welt so wahrnehmen, wie wir es tun. Wenn das Gehirn ein Modell der Welt entwickelt, ist Aufmerksamkeit dann lediglich die subjektive Wahrnehmung dieses Modells? Könnte unsere Wahrnehmung der Realität mit dem Ansehen eines Films vergleichbar sein, bei dem das Gehirn eine Erzählung basierend auf Sinneseindrücken konstruiert, die tatsächliche „Realität" jedoch außerhalb unserer bewussten Wahrnehmung liegt?

Die Theorie, dass Wahrnehmung selbst ein Nebenprodukt von Gehirnsimulationen sein könnte, wird durch die Forschung zu virtueller Realität (VR) und künstlicher Intelligenz (KI) gestützt. In VR-Umgebungen kann das Gehirn vollständig in eine simulierte Welt eintauchen, die sich „real" anfühlt, obwohl sie vollständig computergeneriert ist. Die Fähigkeit des Gehirns, digitale Geschichten als real zu akzeptieren, zeigt, wie leicht es dazu verleitet werden kann, eine simulierte Umgebung als Realität zu akzeptieren. Ebenso sind

Jenseits des Verstandes

KI-Systeme, wie sie beispielsweise in Spielen oder der Robotik eingesetzt werden, oft auf simulierte Umgebungen angewiesen, um Ergebnisse vorherzusagen und die Leistung zu optimieren. Die Nutzung von Simulationen durch das Gehirn kann im Grunde auch ein wesentliches Merkmal der menschlichen Wahrnehmung sein und uns helfen, die Komplexität der Welt zu bewältigen, indem sie ein vereinfachtes Modell der Realität entwickeln.

Darüber hinaus wird das Konzept einer „simulierten" Realität in der philosophischen Debatte um die Simulationshypothese untersucht, die vom Wahrheitssucher Nick Bostrom populär gemacht wurde. Diese Hypothese legt nahe, dass wir möglicherweise in einer von einer hochentwickelten Zivilisation geschaffenen Simulation leben, in der die Geschichten, die wir als real wahrnehmen, in Wirklichkeit das Ergebnis eines computergenerierten Modells sind. Obwohl dieses Konzept abwegig erscheinen mag, wirft es tiefgreifende Fragen über den Charakter von Wahrheit, Aufmerksamkeit und die Grenzen der menschlichen Wahrnehmung auf.

Einer der stärksten Beweise dafür, dass das Gehirn Realität simuliert, ist das Phänomen der Wahrnehmung selbst. Wahrnehmung ist nicht nur die passive Aufnahme äußerer Reize, sondern vielmehr ein aktiver Prozess, durch den das Gehirn eine Interpretation der Welt konstruiert. Wenn wir

Fevzi H.

beispielsweise einen Gegenstand sehen, prüft das Gehirn nicht nur die visuellen Reize unserer Augen, sondern verarbeitet diese aktiv und konstruiert ein mentales Bild des Objekts, seiner Form, Farbe und räumlichen Anordnung. Dieses mentale Bild, das wir als Wahrnehmung erleben, ist eine vom Gehirn erzeugte Simulation, die ausschließlich auf eingehenden Sinneseindrücken basiert.

Betrachten wir das Konzept visueller Illusionen, bei denen das, was wir sehen, nicht mit dem übereinstimmt, was physisch vorhanden ist. Das Gehirn kann dazu verleitet werden, Bewegungen zu sehen, wo keine sind, ein Muster wahrzunehmen, das nicht vorhanden ist, oder Größe und Form von Objekten falsch einzuschätzen. Diese Illusionen zeigen, dass die Wahrnehmung des Gehirns keine objektive Aufzeichnung von Fakten ist, sondern ein konstruiertes Erlebnis, das durch Kontext, Erwartung und kognitive Verzerrungen beeinflusst werden kann. Im Wesentlichen konstruiert das Gehirn ständig eine Simulation der Welt, die gelegentlich von der äußeren Realität abweichen kann.

Die Gestalttheorien des Glaubens veranschaulichen zudem die Rolle des Gehirns bei der Simulation der Realität. Sie zeigen, wie das Gehirn sensorische Eindrücke in vertraute Muster und Strukturen einordnet und oft auf der Grundlage früherer Erfahrungen und Erwartungen Entscheidungen darüber trifft, was betont oder ignoriert werden soll. Dies

Jenseits des Verstandes

unterstreicht die aktive Rolle des Gehirns bei der Gestaltung unseres Realitätsverständnisses und beim Aufbau einer zusammenhängenden Erzählung aus fragmentierten Sinnesaufzeichnungen.

Die Idee des Gehirns als Simulator der Realität gewinnt durch die Linse der Quantenmechanik noch mehr an Bedeutung. In der Quantenphysik zeigt der Beobachtereffekt, dass der Akt der Beobachtung eine entscheidende Rolle bei der Bestimmung des Zustands einer Maschine spielt. Der berühmte Doppelspalttest zeigt, dass Teilchen wie Photonen oder Elektronen in mehreren Zuständen gleichzeitig existieren können, bis sie determiniert werden und dann in einen einzigen Zustand zerfallen. Dieses Phänomen wirft die Frage auf: Lässt der Akt der Beobachtung selbst die Wellenfunktion der Realität „kollabieren" und beeinflusst so die Ergebnisse von Quantenereignissen?

Einige Theoretiker haben vorgeschlagen, dass das Gehirn Quantenstrukturen so manipulieren kann, dass es eine Simulation der Außenwelt erstellen kann. Diese Idee ist eng mit dem Konzept des Quantenbewusstseins verbunden, das besagt, dass Quantensysteme eine grundlegende Rolle in der Funktionsweise des Gehirns und des Bewusstseins selbst spielen könnten. Dieser Ansicht zufolge ist die Simulation der Realität durch das Gehirn nicht auf klassische Mechanismen beschränkt, sondern kann auch Quantentaktiken beinhalten,

Fevzi H.

die den Aufbau einer besonders komplexen, dynamischen Version der Welt ermöglichen.

Diese Schnittstelle zwischen Quantenmechanik und Gehirnfunktion ist noch weitgehend spekulativ, bietet aber einen interessanten Ansatz zur Erforschung der Realitätssimulation durch das Gehirn. Die Quantenmechanik mit ihrem Schwerpunkt auf Möglichkeiten und Superposition sollte dem Gehirn einen Mechanismus bieten, um mehrere mögliche Realitäten zu generieren und diese dann basierend auf der Aufmerksamkeit des Beobachters in eine neuartige Realitätserfahrung zu zerlegen.

Wenn das Gehirn Realität simuliert, stellt dies die traditionelle Vorstellung einer objektiven, externen Wahrheit in Frage, die unabhängig von unserem Glauben existiert. Stattdessen wird Realität zu etwas Fließenderem und Dynamischerem – einem inneren Konstrukt, das ständig durch Vorhersagen und Sinneseindrücke des Gehirns generiert wird. Dies wirft tiefgreifende philosophische Fragen über die Natur des Lebens selbst auf. Was, wenn überhaupt, existiert außerhalb unserer Wahrnehmung? Gibt es eine „reale" Welt, die unabhängig von unserem Fokus auf sie besteht, oder ist die Realität vollständig von der Simulation des Gehirns abhängig?

Einige Befürworter der Simulationstheorie vermuten, dass die Lösung in der Möglichkeit liegen könnte, dass wir tatsächlich in einer überraschend hochentwickelten Simulation leben – einer Simulation, die so problematisch ist, dass sie von der Realität nicht mehr zu unterscheiden ist. Obwohl diese Theorie spekulativ bleibt, unterstreicht sie die tiefe Unsicherheit, die das Verhältnis von Wissen, Glaube und Realität umgibt. Ob wir nun unsere eigenen Erfahrungen simulieren oder ob eine externe, unabhängige Realität außerhalb unserer Wahrnehmung existiert, die Annahme, dass das Gehirn unsere Wahrnehmung der Welt aktiv konstruiert, stellt unser konventionelles Wissen über die Realität selbst infrage.

Die Vorstellung, dass das Gehirn Fakten simulieren kann, eröffnet eine faszinierende Perspektive auf die Natur von Bewusstsein und Leben. Von den Vorhersagemechanismen des Gehirns bis hin zu seiner Rolle bei der Entwicklung von Wahrnehmungsgeschichten zeigt die Simulatorfunktion des Gehirns, dass unsere Erfahrung von Wahrheit weitaus komplexer und formbarer ist, als wir uns vorgestellt hätten. Obwohl die Frage, ob wir tatsächlich eine Zielrealität oder eine Simulation erleben, ungeklärt bleibt, deuten die Erkenntnisse darauf hin, dass das Gehirn maßgeblich an der Konstruktion unserer Weltwahrnehmung beteiligt ist – und dass wir in gewisser Weise in einer Realität leben, die wir selbst erschaffen haben.

Fevzi H.

3.3 Theorie des holographischen Universums und Bewusstsein

Die Theorie des holographischen Universums ist ein bahnbrechendes Konzept, das Physiker, Philosophen und Neurowissenschaftler gleichermaßen fasziniert. Sie geht davon aus, dass das Universum, wie wir es wahrnehmen, keine dreidimensionale Realität, sondern eine zweidimensionale Projektion – ein Hologramm – ist. Dieses Konzept entstand aus der Schnittstelle von Quantenmechanik, Thermodynamik Schwarzer Löcher und Stringtheorie und hat tiefgreifende Auswirkungen auf unser Verständnis der Natur von Realität, Bewusstsein und Leben selbst.

Der Kern der Theorie des holographischen Universums ist die Idee, dass alle Informationen, aus denen die dreidimensionale Welt besteht, auf einer dreidimensionalen Oberfläche kodiert sind, ähnlich einem Hologramm. Diese Theorie stellt unser intuitives Raum- und Zeitverständnis auf die Probe und legt nahe, dass das Universum möglicherweise eine Projektion aus einer viel komplexeren, höherdimensionalen Welt ist. Dies eröffnet die faszinierende Möglichkeit, dass auch die Natur der Aufmerksamkeit mit dieser „holographischen" Realität verbunden sein könnte. Dies eröffnet neue Einblicke in unsere Wahrnehmung der Welt und die Rolle des Geistes bei der Gestaltung dieses Erlebnisses.

Die Theorie des holographischen Universums stieß erstmals in den 1990er Jahren auf breites Interesse, nachdem theoretische Physiker wie Gerard 't Hooft und Leonard Susskind die Eigenschaften Schwarzer Löcher erforscht hatten. In den 1970er Jahren entdeckte der Physiker Stephen Hawking, dass Schwarze Löcher aufgrund von Quanteneffekten in der Nähe des Ereignishorizonts Strahlung aussenden – heute als Hawking-Strahlung bekannt. Diese Entdeckung führte zu einem großen Problem der theoretischen Physik: dem sogenannten „Datenparadoxon". Nach der klassischen Physik gehen Daten, die in ein Schwarzes Loch fallen, für immer verloren, während die Quantenmechanik besagt, dass Daten nicht zerstört werden können. Diese Diskrepanz löste eine Neubewertung der Verschlüsselung von Daten im Universum aus.

Im Laufe ihrer Arbeit schlugen 't Hooft und Susskind vor, dass die Daten im Inneren eines Schwarzen Lochs möglicherweise überhaupt nicht verloren gehen, sondern am Ereignishorizont – einer -dimensionalen Oberfläche, die das Schwarze Loch umgibt – gespeichert werden. Mit anderen Worten: Das dreidimensionale Volumen des Schwarzen Lochs lässt sich vollständig durch die auf seiner Oberfläche kodierten Daten beschreiben. Diese Theorie, bekannt als holographische Theorie, legte nahe, dass das Universum selbst auf ähnliche Weise funktionieren könnte, wobei alle zur Beschreibung unserer dreidimensionalen Welt erforderlichen Daten auf einer -dimensionalen Oberfläche auf der „Seite" des Universums gespeichert wären.

Das holographische Konzept wurde zusätzlich durch die Arbeit von Physikern zur Stringtheorie gestützt. In der Stringtheorie sind die Grundbausteine der Realität keine partikelartigen Teilchen, sondern winzige, vibrierende Strings. Diese Strings, von denen angenommen wird, dass sie im höherdimensionalen Raum existieren, könnten möglicherweise die holographische Natur des Universums erklären. In diesem Rahmen wäre unsere dreidimensionale Realität eine Projektion dieser höherdimensionalen Strings, wobei Daten aus den höheren Dimensionen in der niederdimensionalen Oberfläche kodiert sind. Das Konzept ist eng mit dem Konzept der höheren Dimensionen verknüpft, in dem das, was wir als Materie der Raumzeit verstehen, lediglich eine Illusion ist, die aus einer tieferen, grundlegenderen Realität projiziert wird.

Im Kern geht die Theorie des holographischen Universums davon aus, dass das Universum einem Hologramm ähnelt – einem dreidimensionalen Bild, das aus zweidimensionalen Daten erstellt wurde. Ein Hologramm ist die visuelle Darstellung eines Objekts oder einer Szene, die aus bestimmten Blickwinkeln dreidimensional erscheint, in Wirklichkeit jedoch auf einer flachen, dreidimensionalen Oberfläche kodiert ist. In ähnlicher Weise geht die Theorie davon aus, dass das Universum, das wir erleben, eine Projektion von Daten sein könnte, die auf einer dreidimensionalen Oberfläche kodiert sind – möglicherweise der „Grenze" des Kosmos oder einer anderen höherdimensionalen Form.

Diese Sichtweise verändert unsere Vorstellung von Raum und Zeit erheblich. Anstatt die dreidimensionale Welt um uns herum als grundlegend anzunehmen, zeigt die holografische Version, dass sie eine emergente Ressource ist, die einer tieferen Realitätsschicht entspringt. Dies hat tiefgreifende Auswirkungen auf unser Verständnis der Natur des Universums selbst. Der Raum, wie wir ihn erleben, ist möglicherweise nicht so real oder grundlegend, wie wir einst glaubten. Vielmehr könnte er eine Illusion sein – eine Illusion, die durch die Interaktion des Gehirns mit den kodierten Daten der zweidimensionalen Oberfläche entsteht, die die „wahre" Realität dokumentieren.

Das holographische Modell bietet zudem eine elegante Lösung für einige Paradoxien der modernen Physik, darunter das Schwarze-Loch-Datenparadoxon. Wenn alle Daten im Universum auf einer -dimensionalen Oberfläche gespeichert sind, gehen die Daten, die in ein Schwarzes Loch fallen, nicht wirklich verloren, sondern werden am Ereignishorizont kodiert, wodurch die grundlegenden Prinzipien der Quantenmechanik gewahrt bleiben. Dieser Rahmen ermöglicht es, die scheinbar unvereinbaren Konzepte der Quantenmechanik und der modernen Relativitätstheorie – zwei Säulen der modernen Physik, die seit langem im Spannungsfeld zueinander stehen – miteinander zu vereinbaren.

Einer der faszinierendsten Aspekte der Theorie des holographischen Universums ist ihr möglicher Zusammenhang mit dem Bewusstsein. Wenn das Universum ein Hologramm ist, stellt sich die Frage: Ist das Bewusstsein selbst ein holographisches Phänomen? Anders ausgedrückt: Ist unsere subjektive Wahrnehmung der Welt – unsere Wahrnehmungen, Gedanken und Gefühle – eine Projektion tieferer, zugrunde liegender Systeme, die wir nicht direkt beobachten können?

Einige Befürworter der holografischen Wahrnehmungstheorie vermuten, dass unser Gehirn wie ein Hologramm funktioniert, das Daten so kodiert und projiziert, dass wir eine dreidimensionale Welt aus einer höherdimensionalen, „unsichtbaren" Perspektive verstehen können. Diese Theorie basiert auf der Annahme, dass Wahrnehmung kein lokalisiertes, auf das Gehirn beschränktes Phänomen ist, sondern eine emergente Eigenschaft des Universums selbst, die aus der holografischen Natur der Realität entsteht.

Diese Idee wurde von mehreren Denkern untersucht, darunter dem Neurowissenschaftler Karl Pribram und dem Physiker David Bohm. Insbesondere Pribram schlug vor, dass das Gehirn holografisch funktioniere und Daten so kodiere, dass sie über seine neuronalen Netzwerke verteilt seien, anstatt in einer einzelnen Region konzentriert zu sein. Dieser Ansicht zufolge ist unsere Vorstellung von der Welt nicht immer ein augenblickliches Spiegelbild der äußeren Wahrheit, sondern eine Projektion der inneren Verarbeitung von Fakten durch das Gehirn.

David Bohm, ein theoretischer Physiker, schlug vor, das Universum selbst als eine „Holobewegung" zu betrachten, in der der gesamte Kosmos ein zusammenhängendes Ganzes ist und die von uns wahrgenommene Getrenntheit eine Illusion darstellt. Bohms Ideen sind eng mit dem holographischen Modell der Erkenntnis verknüpft. Es legt nahe, dass sowohl die Gedanken als auch das Universum grundsätzlich miteinander verbunden sind und dass unsere Erfahrung von Tatsachen eine Projektion tieferer, verborgener Prozesse ist.

Wenn der Geist tatsächlich holografisch ist, könnte dies darauf hindeuten, dass auch unsere bewusste Wahrnehmung der Realität eine Art holografischer Projektion ist. Dies wirft die Frage auf: Was bedeutet es, wenn Wahrheit „projiziert" wird? Wenn unser Geist die in der holografischen Form des Universums kodierten Statistiken tatsächlich projiziert, bedeutet das dann, dass die von uns erlebte Realität in der traditionellen Erfahrung nicht immer „real" ist? Könnte es sein, dass das, was wir wahrnehmen, weil die Außenwelt lediglich ein inneres Konstrukt ist, eine Illusion, die durch den Versuch des Geistes entsteht, die empfangenen Statistiken zu erfahren?

Diese Haltung stellt den klassischen Glauben an eine objektive, externe Wahrheit in Frage. Stattdessen legt sie nahe, dass Wahrheit eine subjektive Erfahrung ist – eine Erfahrung, die durch die Interaktion des Gehirns mit den empfangenen holografischen Daten geformt wird. Aus dieser Perspektive ist das Universum kein passives Objekt, das unabhängig von unserer Aufmerksamkeit existiert, sondern ein lebendiges Wesen, das untrennbar mit unserer Wahrnehmung verbunden ist.

Die Idee eines holografischen Geistes wirft faszinierende Fragen zur Natur von Glauben und Realität auf. Wenn unser Geist holografischer Natur ist, deutet dies darauf hin, dass unsere bewusste Erfahrung eine Projektion nicht der Welt selbst, sondern der zugrunde liegenden Fakten ist, die das Gefüge der Realität bilden. Dies könnte bedeuten, dass Konzentration nicht auf den Geist beschränkt ist, sondern ein alltägliches Phänomen – ein Element der Materie des Kosmos selbst.

Das holographische Modell der Konzentration bietet auch neue Einblicke in die uralte Denk- und Körperproblematik. Traditionell wurden Geist und Körper als große Entitäten betrachtet – die eine physisch, die andere mental. Das holographische Modell zeigt jedoch, dass Geist und Körper untrennbar miteinander verbunden sein können und das Bewusstsein aus der zugrundeliegenden holographischen Form des Universums entsteht. Dies würde bedeuten, dass der Geist nicht immer auf das Gehirn beschränkt ist, sondern ein emergenter Bestandteil des Universums selbst.

Diese Haltung hat tiefgreifende Auswirkungen auf unser Selbstverständnis. Wenn Fokus eine holografische Projektion tieferer, etablierter Ansätze ist, wirft dies die Frage auf, ob unser Selbstgefühl ein Trugbild ist. Sind wir in Wirklichkeit eigenständige Menschen oder sind wir in Wirklichkeit Manifestationen derselben gewohnten Erkenntnis, projiziert durch die holografische Natur der Tatsachen?

Die Theorie des holographischen Universums bietet eine einzigartige Möglichkeit, den Kosmos zu verstehen und stellt unsere Wahrnehmung von Raum, Zeit und Realität in Frage. Indem sie das Universum als Projektion zweidimensionaler Daten betrachtet, eröffnet sie neue Möglichkeiten, die Beziehung zwischen Fokus und der uns umgebenden Welt zu verstehen. Wenn Fokus tatsächlich ein holographisches Phänomen ist, könnte er unser Verständnis von Gedanken, der Natur der Realität und der Materie des Daseins revolutionieren. Obwohl vieles an dieser Theorie spekulativ bleibt, bietet sie einen faszinierenden Einblick in die tieferen Geheimnisse des

Fevzi H.

Universums – und die Rolle des Bewusstseins bei der Gestaltung unserer Erfahrung damit.

3.4 Gibt es scharfe Grenzen zwischen Realität und Wahrnehmung?

Die Frage, ob es zwischen Realität und Wahrnehmung große Unterschiede gibt, beschäftigt Philosophen, Wissenschaftler und Psychologen schon lange. Als Menschen nehmen wir ständig die Welt um uns herum wahr, doch die Natur dieser Wahrnehmungen und ihre Beziehung zur äußeren Realität sind alles andere als wahrheitsgetreu. Während unsere Sinne uns helfen, uns in der Welt zurechtzufinden, verarbeitet und interpretiert unser Gehirn die empfangenen Informationen aktiv. Dadurch entsteht ein subjektives Erlebnis, das die Zielwelt möglicherweise nicht perfekt widerspiegelt. Dies führt zu einer wichtigen Frage: Gibt es klare Grenzen zwischen der äußeren Welt – der Realität – und dem inneren Erleben davon – dem Glauben – oder sind diese Grenzen fließender, als wir annehmen würden?

Wahrnehmung ist ein komplexer Prozess, der mit der Interpretation sensorischer Reize durch das Gehirn zusammenhängt. Die Informationen, die wir über unsere fünf Sinne – Sehen, Hören, Tasten, Schmecken und Riechen – aufnehmen, stellen nicht immer eine direkte Darstellung der Umgebung dar, sondern eine gefilterte und interpretierte

Version. Beispielsweise verarbeitet das Gehirn Licht, das in unsere Augen eindringt, zu den Bildern, die wir sehen. Diese Bilder sind jedoch nicht identisch mit dem Licht selbst; sie stellen die Interpretation des Lichts durch das Gehirn dar, basierend auf Vorwissen, Erwartungen und Kontext.

Dieser Prozess beginnt, wenn das Gehirn rohe Sinnesdaten empfängt und erlernte Interpretationsmuster anwendet. Unser Gehirn trifft ständig Vorhersagen über die Welt, die ausschließlich auf äußeren Erfahrungen basieren, und diese Vorhersagen beeinflussen unsere Wahrnehmung im gegenwärtigen Moment. Daher ist unsere Wahrnehmung der Wahrheit von Natur aus subjektiv und wird von unseren individuellen Erfahrungen, Erwartungen und sogar emotionalen Zuständen geprägt. Die Wahrnehmung einer Person kann von der Wahrnehmung einer anderen Person von demselben Objekt oder Ereignis abweichen, was die Vorstellung einer klaren Grenze zwischen Wahrheit und Wahrnehmung zusätzlich erschwert.

Einer der wichtigsten Faktoren, die die Grenzen zwischen Realität und Wahrnehmung verwischen, sind kognitive Verzerrungen und Wahrnehmungstäuschungen. Kognitive Verzerrungen sind systematische Abweichungen von der Norm oder Rationalität im Urteilsvermögen, die häufig zu Wahrnehmungsverzerrungen führen. Diese Verzerrungen beeinflussen unsere Interpretation der Welt und veranlassen uns, Entscheidungen zu treffen und Überzeugungen zu bilden, die möglicherweise nicht auf objektiven Fakten beruhen.

Beispielsweise kann der Bestätigungsfehler – die Tendenz, Statistiken zu suchen, zu interpretieren und zu berücksichtigen, die die eigenen vorgefassten Meinungen bestätigen – unser Verständnis von Informationen erheblich beeinflussen. Ebenso zeigen Wahrnehmungstäuschungen – darunter die bekannte „Müller-Lyer"-Täuschung, bei der Linien gleicher Länge aufgrund der Pfeile an ihren Enden unterschiedlich erscheinen –, wie unsere Wahrnehmung manipuliert werden kann. Sie zeigen, dass unsere Wahrnehmung der Welt nicht immer die Realität widerspiegelt.

Diese Vorurteile und Illusionen legen nahe, dass unsere Wahrnehmung der Realität kein direktes Abbild der Welt ist, sondern ein konstruiertes Erlebnis, das durch innere Faktoren wie Erfahrung, Emotionen und intellektuelle Fähigkeiten gefördert wird. Diese Annahme stellt die Wahrnehmung einer scharfen Grenze zwischen Realität und Wahrnehmung in Frage, da unsere Wahrnehmung der Welt oft durch Faktoren außerhalb unserer bewussten Kontrolle verzerrt oder gefärbt sein kann.

Eine weitere Ebene der Frage, ob es scharfe Grenzen zwischen Realität und Wahrnehmung gibt, liegt im Einfluss von Kultur und Sprache. Kulturelle Hintergründe prägen das Verständnis der Welt, da bestimmte Kulturen über hervorragende Methoden verfügen, Sinneseindrücke zu entschlüsseln, Bedeutungen zu konstruieren und die Natur der Realität zu verstehen. Beispielsweise betonen manche Kulturen bestimmte Farben oder Symbole stärker als andere und prägen so die Wahrnehmung und Interpretation der sie umgebenden Welt. Ebenso kann die Sprache selbst das Glaubensbekenntnis beeinflussen, da sprachliche Kategorien die Art und Weise prägen, wie Menschen die Welt kategorisieren und erleben.

Die Sapir-Whorf-Theorie zeigt beispielsweise, dass Struktur und Wortschatz einer Sprache die Art und Weise beeinflussen können, wie ihre Sprecher über Realität denken und sie wahrnehmen. Wenn eine Sprache keinen Begriff für eine bestimmte Farbe oder Idee hat, ist es für Sprecher möglicherweise schwieriger, diese Farbe oder Idee zu verstehen oder gar zu konzeptualisieren. Dies deutet darauf hin, dass unsere Wahrnehmung von Realität nicht konventionell oder objektiv ist, sondern vielmehr durch die sprachlichen und kulturellen Rahmenbedingungen geprägt ist, innerhalb derer wir die Welt interpretieren.

Aus neurowissenschaftlicher Sicht spielt das Gehirn eine aktive Rolle bei der Gestaltung unserer Realitätswahrnehmung. Weit davon entfernt, ein passiver Informationsempfänger zu sein, verarbeitet und filtert das Gehirn aktiv Sinnesdaten und konstruiert so ein kohärentes Modell der Welt. Dieses Modell ist keine perfekte Reproduktion der äußeren Welt, sondern eine vereinfachte und oft verzerrte Version, die es uns ermöglicht, unsere Umgebung zu verstehen und uns darin effektiv zurechtzufinden.

Neurowissenschaftliche Studien haben gezeigt, dass das Gehirn seine Wahrnehmung der Umgebung ständig vorhersagt und anpasst. Wenn wir etwas sehen, reagiert unser Gehirn nicht nur auf den Reiz, sondern prognostiziert aktiv, was wir als Nächstes sehen werden, basierend auf früheren Berichten und erlernten Mustern. Diese prädiktive Verarbeitung ist für die grüne Kognition unerlässlich, bedeutet aber auch, dass unsere Wahrnehmung durch Erwartungen geprägt ist und durch Sinneseindrücke, die nicht mit diesen Erwartungen übereinstimmen, getäuscht oder verändert werden kann.

Dieses Verfahren wird sicherlich durch Phänomene wie die Illusion der „Transaktionsblindheit" bestätigt, bei der jemand eine massive Veränderung in seiner Umgebung nicht wahrnimmt, weil das prädiktive Weltmodell seines Gehirns diese Veränderung nicht berücksichtigt. Ähnlich verhält es sich mit dem Phänomen des „Blindsehens", bei dem Blinde auch auf visuelle Reize reagieren können, die sie nicht bewusst wahrnehmen. Dies veranschaulicht, wie das Gehirn ein Realitätsmodell konstruiert, das von der Realität abweichen kann.

Philosophisch gesehen ist die Beziehung zwischen Glauben und Realität auch für die Betrachtung des

Bewusstseins von Bedeutung. Bewusstsein ist der Bereich des Gewahrseins und der Fähigkeit, über die eigenen Erfahrungen nachzudenken. Während der Glaube uns erlaubt, mit der Welt zu interagieren, erlaubt uns das Bewusstsein, über diese Erfahrungen nachzudenken und daraus Bedeutungen abzuleiten. Die Frage, ob Aufmerksamkeit auf ein Ziel, eine externe Realität, Zugriff hat oder ob sie ausschließlich auf die innere, subjektive Erfahrungswelt beschränkt ist, ist eine der tiefgreifendsten Debatten der Geistesphilosophie.

Der Philosoph Immanuel Kant argumentierte, dass wir das „Aspekt an sich" (die objektive Wahrheit) niemals wirklich verstehen können, sondern nur die Welt so wahrnehmen können, wie sie uns durch unsere Sinne und intellektuellen Fähigkeiten erscheint. Dies zeigt, dass Glaube und Realität untrennbar miteinander verbunden sind, es jedoch keine absolute Grenze zwischen ihnen gibt – unsere Erfahrung der Wahrheit wird stets durch unsere kognitiven und sensorischen Systeme vermittelt. Kants Ideen spiegeln die Überzeugung wider, dass die Wahrheit, wie wir sie erleben, stets durch den Geist gefiltert und geformt wird, der die Welt aktiv auf der Grundlage von Sinneseindrücken, Vorwissen und Erwartungen konstruiert.

Einige Philosophen, darunter George Berkeley, führten dieses Argument sogar weiter aus und argumentierten, dass die Realität nicht unabhängig von unserer Wahrnehmung existiere.

Fevzi H.

Berkeleys Idealismus zufolge beruht die Existenz von Geräten ausschließlich auf ihrer Wahrnehmung. Diese Ansicht mag zwar radikal erscheinen, unterstreicht aber die tiefe Verbindung zwischen Wahrheit und Wahrnehmung und erhöht die Möglichkeit, dass das, was wir „Wahrheit" nennen, von Natur aus subjektiv sein kann.

Mit dem Einzug des Zeitalters der digitalen Realität (VR) ist die Unterscheidung zwischen Realität und Wahrnehmung noch komplizierter geworden. VR-Systeme schaffen immersive Umgebungen, die so überzeugend wirken, dass Nutzer sie oft als real erleben, obwohl sie in Wirklichkeit rein künstliche Konstrukte sind. Diese Verwischung der Grenzen zwischen digitaler und physischer Welt zwingt uns, die Definition von Wahrheit zu überdenken. Wenn wir eine vollständig immersive digitale Umgebung als real wahrnehmen können, bedeutet das dann, dass die Grenze zwischen Wahrheit und Wahrnehmung nicht so klar ist, wie wir vielleicht denken?

Diese Frage wird durch die zunehmende Verbesserung neuronaler Schnittstellen und der Technologie für Gehirn- und Gehirngeräte noch komplexer. Sie könnte es uns ermöglichen, unsere Wahrnehmungen unmittelbar zu steuern oder sogar Berichte zu „erstellen", die sich von der Realität nicht unterscheiden lassen. Mit fortschreitender Generation könnte die Wahrnehmung dessen, was „real" ist, noch schwerer fassbar werden.

Die Frage, ob es scharfe Grenzen zwischen Wahrheit und Wahrnehmung gibt, bleibt zutiefst philosophisch, doch es ist klar, dass die Grenze zwischen beiden oft fließend ist. Unsere Wahrnehmungen werden durch ein komplexes Zusammenspiel von Sinneseindrücken, kognitiven Verzerrungen, kulturellen Einflüssen und neuronalen Systemen geformt, die alle ein subjektives Realitätsmodell schaffen, das erheblich von der objektiven Realität abweichen kann. Es mag verlockend sein, Glauben als bloß passive Widerspiegelung der Welt um uns herum zu betrachten, doch in Wirklichkeit ist er eine aktive Produktion – ein komplexer, dynamischer Prozess, der durch eine Vielzahl innerer und äußerer Faktoren geprägt wird. Daher sind die Grenzen zwischen Realität und Wahrnehmung nicht so scharf, wie wir es uns wünschen würden, und unser Erleben der Welt ist eine sich ständig weiterentwickelnde Interaktion zwischen beiden.

3.5 Der bewusste Beobachter: Sind wir die Schöpfer der Realität?

Die Frage, ob wir als bewusste Wesen die Schöpfer der Realität sind, ist eine tiefgreifende und komplexe Untersuchung, die sich mit den Schnittstellen von Bewusstsein, Wahrnehmung und der essentiellen Natur des Universums befasst. Diese Frage berührt Bereiche der Philosophie, der Quantenmechanik und der Neurowissenschaften und lädt uns dazu ein, darüber nachzudenken, ob unser Fokus und unsere Wahrnehmung des Bereichs eine aktive Rolle bei der Gestaltung des eigentlichen Sachverhalts spielen. Ist Wahrheit eine feste Größe, die unabhängig von unserer Wahrnehmung existiert, oder beeinflusst unser Bewusstsein den Bereich, in dem wir uns bewegen?

Um diese Frage zu beantworten, müssen wir zunächst die Natur des Bewusstseins und seine Beziehung zur Aussage betrachten. Bewusstsein kann als der Zustand des Gewahrseins des eigenen Lebens, der eigenen Gedanken und der eigenen Umgebung definiert werden. Es ermöglicht uns, die Welt wahrzunehmen und darüber nachzudenken. Während unsere Sinne Informationen aus der Außenwelt sammeln, ermöglicht uns das Erkennen, diese Informationen zu verarbeiten, zu interpretieren und zu verstehen.

Beim Beobachten sind wir nicht nur passive Empfänger von Sinneseindrücken, sondern setzen uns aktiv damit auseinander. Unser Verstand verarbeitet und interpretiert Informationen basierend auf Vorwissen, Idealen und Erwartungen. Dieser Interpretationsprozess ist meist keine unmittelbare Abbildung der Außenwelt, sondern eine Rekonstruktion, die durch unsere mentalen Modelle entsteht. Der Akt der Wahrnehmung ist somit nicht nur eine passive Reflexion der Realität, sondern eine aktive Auseinandersetzung mit ihr. Dies wirft die Frage auf: Trägt unsere Wahrnehmung

Jenseits des Verstandes

durch Beobachtung aktiv zur Entstehung oder Manifestation der Welt um uns herum bei?

Eine der bekanntesten wissenschaftlichen Theorien, die einen Zusammenhang zwischen Beobachtung und Realität nahelegt, ist der Beobachtereffekt in der Quantenmechanik. In der Quantenphysik besitzen Teilchen wie Elektronen und Photonen keine spezifischen Eigenschaften (wie Rolle oder Impuls), bis sie entdeckt werden. Der berühmte Doppelspalttest zeigt beispielsweise, dass sich Teilchen je nach Beobachtung unterschiedlich verhalten. Werden sie nicht entdeckt, verhalten sie sich wie Wellen und existieren gleichzeitig in mehreren Zuständen. Sobald sie jedoch gemessen oder beobachtet werden können, zerfallen sie zu einem einzigen Zustand und verhalten sich wie Teilchen.

Dieses Verhalten hat einige zu der Annahme veranlasst, dass das Bewusstsein selbst ebenfalls eine Rolle bei der Bestimmung des Ergebnisses von Quantenereignissen spielen könnte. Dieser Ansicht zufolge „erschafft" der Akt der Aussage die Realität, indem er die Wellenfunktion in einen bestimmten Zustand kollabieren lässt. Obwohl diese Interpretation, die sogenannte Kopenhagener Deutung, einflussreich war, wird sie in der medizinischen Gemeinschaft weiterhin heftig diskutiert. Einige Physiker, darunter auch Befürworter der Mehr-Welten-Interpretation, argumentieren, dass die Realität unabhängig von Aussagen existiert und die

Wellenfunktion erst dann zusammenbricht, wenn die Ergebnisse vollständig aufgezeichnet sind, was nicht immer durch einen bewussten Beobachter möglich ist.

Dennoch hat der Beobachtereinfluss in der Quantenmechanik umfangreiche philosophische Diskussionen über die Rolle der Wahrnehmung bei der Gestaltung der Realität ausgelöst. Wenn der Akt der Beobachtung das Ergebnis von Quantenexperimenten beeinflusst, bedeutet dies, dass die Wahrnehmung eng mit der Entstehung oder Manifestation der physischen Realität verbunden ist, oder ist sie eindeutig ein Artefakt unserer Art zu messen und die Welt zu betrachten?

Die Annahme, dass Konzentration auch bei der Schaffung von Realität eine Rolle spielen kann, ist seit langem ein Diskussionsthema in der Philosophie. Eine der bekanntesten Denkrichtungen, die davon ausgeht, dass Erkenntnis für die Schaffung von Realität entscheidend ist, ist der Idealismus. Dem Idealismus zufolge ist Realität im Wesentlichen mentaler Natur, und physische Objekte und Ereignisse existieren nur, wenn sie vom Bewusstsein wahrgenommen werden. Der Wahrheitssucher George Berkeley argumentierte bekanntlich: „Sein heißt wahrgenommen werden", was bedeutet, dass die Existenz von Objekten davon abhängt, dass sie vom Bewusstsein wahrgenommen werden.

Der Realismus geht im Vergleich dazu davon aus, dass die physische Welt unabhängig von unserer Wahrnehmung existiert. Dieser Ansicht zufolge ist die Realität objektiv und äußerlich, und unser Fokus erschafft oder gestaltet sie nicht aktiv. Stattdessen nimmt der Fokus eine Realität wahr, die außerhalb ihrer selbst existiert. Realisten argumentieren, dass unsere Sinneswahrnehmungen uns genaue Informationen über die Welt liefern, und während unser Verstand diese Informationen interpretiert und versteht, existiert die Außenwelt unabhängig davon, ob wir uns ihrer bewusst sind.

Die Spannung zwischen Idealismus und Realismus hat einen Großteil des philosophischen Diskurses über den Zusammenhang zwischen Bewusstsein und Realität geprägt. Während der Idealismus davon ausgeht, dass Bewusstsein für die Entstehung von Tatsachen wichtig ist, zeigt der Realismus, dass Tatsachen unabhängig vom Beobachter existieren und Erkenntnis praktisch als Mittel zur Wahrnehmung dieser Wahrheit dient.

Aus neurobiologischer Sicht spielt das Gehirn eine entscheidende Rolle bei der Gestaltung unseres Realitätsverständnisses. Das Gehirn verarbeitet sensorische Reize aus der Umgebung und konstruiert eine mentale Version der Welt, die wir dann als „Wahrheit" erleben. Diese mentale Version ist jedoch nicht immer eine perfekte Nachbildung der Außenwelt. Vielmehr handelt es sich um ein vereinfachtes

Fevzi H.

Modell, das uns hilft, uns in der Welt erfolgreich zurechtzufinden.

Dies wirft die Frage auf, ob Bewusstsein als Produkt der komplexen Prozesse des Gehirns aktiv an der Gestaltung der Realität beteiligt ist, die wir erleben. Die Fähigkeit des Gehirns, kohärente Modelle der Welt basierend auf unvollständigen oder mehrdeutigen Sinnesdaten zu erstellen, deutet darauf hin, dass Realität gewissermaßen ein Konstrukt des Geistes ist. Wenn unsere Wahrnehmung der Welt durch unsere mentalen Modelle geprägt wird, bedeutet das dann, dass wir die Realität, die wir erleben, gewissermaßen selbst erschaffen?

Darüber hinaus hat die neurowissenschaftliche Forschung gezeigt, dass das Gehirn kontinuierlich Vorhersagen über die Zukunft trifft, die ausschließlich auf vergangenen Erfahrungen und Sinneseindrücken basieren. Diese Vorhersagen prägen unsere Wahrnehmung und beeinflussen, wie wir eingehende Informationen interpretieren. In diesem Sinne reagiert das Gehirn nicht direkt auf die Welt, sondern konstruiert aktiv ein Modell davon, das sowohl durch externe Eingaben als auch durch innere Prozesse beeinflusst wird. Wenn Konzentration aus diesen Gehirnprozessen entsteht, lässt sich argumentieren, dass unser Bewusstsein eine aktive Rolle bei der Gestaltung der von uns wahrgenommenen Realität spielt, auch wenn die Realität nicht immer die „Ziel"-Realität ist, die außerhalb unseres Geistes existiert.

Einige spekulative Theorien gehen davon aus, dass Konzentration nicht nur für die menschliche Erfahrung entscheidend ist, sondern auch im Universum selbst eine fundamentale Rolle spielen kann. So vertrat beispielsweise der Physiker und Wahrheitssucher David Bohm eine „holistische" Sicht der Realität, in der das Universum ein zusammenhängendes Ganzes ist und Erkenntnis ein wesentlicher Bestandteil der Realitätssubstanz. Laut Bohm besteht das Universum nicht aus diskreten, unabhängigen Komponenten, sondern ist vielmehr ein einheitlicher Kraftraum, und Konzentration ist ein Schlüsselelement dieses Themas.

Diese Idee deutet darauf hin, dass Erkenntnis nicht ein Nebenprodukt körperlicher Prozesse im Gehirn ist, sondern eine grundlegende Eigenschaft des Universums, ähnlich wie Raum und Zeit. In dieser Sichtweise kann unser bewusstes Bewusstsein als Ausdruck einer tieferen, allgegenwärtigen Erkenntnis betrachtet werden, die der Materie der Tatsachen zugrunde liegt. Diese Perspektive erhöht die Möglichkeit, dass unser individuelles Bewusstsein nicht vom Universum losgelöst, sondern tief mit ihm verbunden ist und dass unsere Wahrnehmungen von Tatsachen durch dieses weit verbreitete Bewusstsein geprägt werden.

Das Konzept des bewussten Beobachters knüpft zudem an die Diskussion um die Simulationshypothese an. Diese geht davon aus, dass die Realität, die wir erleben, eine künstliche Simulation ist, die durch den Einsatz höherer Wesen oder Technologien geschaffen wurde. Wenn wir in einer Simulation leben, stellt sich die Frage: Sind wir die Schöpfer unserer eigenen Realität oder bloße Individuen in einem fabrizierten Gefüge? Wenn Konzentration eine Schlüsselrolle bei der Gestaltung unserer Realitätserfahrung spielt, deutet dies darauf hin, dass wir in der simulierten Umgebung eine gewisse Ordnung haben.

Obwohl die Simulationshypothese spekulativ ist, wirft sie interessante Fragen über die Natur der Realität und die Rolle des Bewusstseins bei ihrer Entstehung auf. Wenn unser Bewusstsein und unsere Wahrnehmung die Simulation beeinflussen können, bedeutet dies, dass wir ein gewisses Maß an Kontrolle über die Realität haben, die wir erleben. Wird die Simulation jedoch vollständig durch externe Kräfte gesteuert, ist unser Bewusstsein auf eine passive Beobachterposition beschränkt, ohne tatsächlichen Einfluss auf die Welt um uns herum.

Die Vorstellung, dass wir als bewusste Beobachter eine aktive Rolle bei der Entstehung der Realität spielen könnten, ist ein fesselnder und zugleich beängstigender Glaube, der konventionelle Sichtweisen der Welt als objektive, externe Entität in Frage stellt. Ob aus der Perspektive der Quantenmechanik, der Philosophie oder der

Neurowissenschaften betrachtet, bleibt die Beziehung zwischen Fokus und Realität eine zentrale Frage unseres Verständnisses des Universums. Während einige Interpretationen nahelegen, dass unsere Wahrnehmung der Realität eine aktive, durch Fokussierung geformte Konstruktion ist, argumentieren andere, dass die Realität unabhängig von unserem Verstand existiert und vom Bewusstsein wahrgenommen wird.

Letztendlich kann die Rolle der Aufmerksamkeit bei der Entwicklung der Wahrheit differenzierter und komplexer sein, als wir derzeit verstehen. Es ist möglich, dass unser Fokus nicht immer nur ein passiver Beobachter ist, sondern ein aktiver Akteur bei der Gestaltung der Realität, die wir erfahren. Ob wir die Schöpfer der Realität sind oder tatsächlich eine bereits existierende Welt wahrnehmen, bleibt eines der tiefsten Geheimnisse bei der Erforschung von Bewusstsein und Leben.

KAPITEL 4

Die physikalischen Grundlagen von Bewusstsein und Zeit

4.1 Der zweite Hauptsatz der Thermodynamik: Warum fließt die Zeit immer vorwärts?

Zeit, ein zentraler Aspekt unseres täglichen Lebens, bleibt eines der spannendsten Konzepte in Physik und Philosophie. Der Zweite Hauptsatz der Thermodynamik, eines der zentralen Konzepte der Physik, liefert wichtige Einblicke in die Frage, warum die Zeit scheinbar immer nur in eine Richtung – vorwärts – verläuft. Dieses Kapitel untersucht die Auswirkungen des Zweiten Hauptsatzes der Thermodynamik auf unser Zeitverständnis, seinen irreversiblen Verlauf und seine Verbindung zur Konzentration.

Im Kern besagt der Zweite Hauptsatz, dass in jedem isolierten System die Gesamtentropie (oder Unordnung) mit der Zeit zunimmt und schließlich einen Zustand thermodynamischen Gleichgewichts erreicht. Entropie kann als Maß für die Unordnung oder Zufälligkeit innerhalb eines Systems angesehen werden, und ihr Anstieg zeigt den Übergang von einem geordneteren, vorhersehbareren zu einem weniger geordneten, chaotischeren Zustand an. Dieser Anstieg der Entropie treibt den Fortschritt der Zeit an. Im Wesentlichen besagt der Zweite Hauptsatz, dass die Zeit in Richtung zunehmender Unordnung fließt, und mit zunehmender Entropie nimmt auch der Lauf der Zeit zu.

Dieser einseitig gerichtete Zeitfluss wird manchmal als „Zeitpfeil" bezeichnet, ein Konzept, das eng mit dem menschlichen Zeitverständnis verwoben ist. Vom Aufwachen bis zum Einschlafen ist unser Alltag von einem stetigen Zeitverlauf geprägt, der niemals rückwärts verläuft. Doch warum entsteht dieser Wandel? Ist Zeit ein inhärenter Bestandteil des Universums oder entsteht sie lediglich aus der Art und Weise, wie wir die Welt um uns herum erleben und messen?

Der zweite Hauptsatz bietet uns einen Ansatzpunkt für diese Frage, indem er nahelegt, dass der Lauf der Zeit mit der Entwicklung der Entropie im Universum verbunden ist. Betrachtet man thermodynamische Prozesse, wie die Vermischung von Gasen oder das Schmelzen von Eis, so bewegen sie sich in der Regel in Richtung eines Zustands höherer Entropie, der irreversibel ist. Sobald sich die Gase vermischt haben oder das Eis geschmolzen ist, können diese Prozesse unter normalen Bedingungen nicht mehr rückgängig gemacht werden. Diese Irreversibilität thermodynamischer Prozesse spiegelt unsere alltägliche Erfahrung von Zeit wider, die sich scheinbar nur in eine Richtung bewegt: vom Jenseits in die Zukunft.

Während der Zweite Hauptsatz eine überzeugende Erklärung für den Fortgang der Zeit in physikalischen Systemen liefert, lässt er die Frage offen, wie dieses Konzept mit unserem subjektiven Zeitempfinden übereinstimmt. Als bewusste Wesen verstehen wir Zeit nicht nur im Kontext der thermodynamischen Prozesse um uns herum, sondern auch durch die Linse unseres eigenen Geistes. Wir genießen den Lauf der Zeit durch die Verarbeitung von Erinnerungen, Zukunftsvorstellungen und unserer Wahrnehmung des gegenwärtigen Augenblicks. Doch ist dieses subjektive Zeitempfinden lediglich eine Widerspiegelung physikalischer Prozesse wie der Entropie oder steckt dahinter etwas Tieferes?

Einige Philosophen und Physiker haben vorgeschlagen, dass die Konzentration selbst mit dem Fluss der Zeit verbunden sein könnte. Könnte der Anstieg der Entropie, der die irreversible Entwicklung der Zeit verursacht, mit unserem Verständnis und unserer Wahrnehmung von Zeit zusammenhängen? Ist unsere Aufmerksamkeit, die nach dem Prinzip von Erinnerung, Erwartung und Gegenwartsbewusstsein zu funktionieren scheint, untrennbar mit diesem Zeitpfeil verbunden? Um diese Frage zu beantworten, müssen wir die Natur von Zeit und Aufmerksamkeit auf einer tieferen Ebene verstehen.

Bewusstsein als komplexes und vielschichtiges Phänomen bleibt eines der größten Rätsel der Wissenschaft. Obwohl viele Theorien aufgestellt wurden, kann kein einzelnes Konzept die Natur des Bewusstseins oder seine Entstehung aus den neuronalen Systemen des Gehirns vollständig erklären. Es gibt jedoch einige interessante Theorien darüber, wie Bewusstsein mit Zeit verbunden sein könnte. Eine solche Theorie stammt aus der Quantenmechanik. Sie geht davon aus, dass unser Zeitempfinden aus Quantenprozessen im Gehirn besteht. Dieser Theorie zufolge funktioniert das Gehirn quantenmechanisch, wobei Quantenprozesse es dem Gehirn ermöglichen, Informationen nichtlinear zu verarbeiten und so das subjektive Zeitempfinden zu erzeugen.

Darüber hinaus wurde der Zusammenhang zwischen Bewusstsein und dem Zweiten Hauptsatz der Thermodynamik in einigen spekulativen Theorien untersucht. Einige Forscher argumentieren, dass Bewusstsein auch als Beobachter fungieren könnte, der den thermodynamischen Zeitpfeil im Raum „fixiert". In dieser Sichtweise ist Bewusstsein nicht nur ein passiver Beobachter des Raumes, sondern spielt eine aktive Rolle im Zeitverlauf. Unser Zeitverständnis könnte in gewisser Weise ein Spiegelbild der grundlegenden physikalischen Prozesse sein, die das Universum bestimmen, einschließlich der irreversiblen Entropieentwicklung.

Je tiefer wir uns mit diesem Konzept befassen, desto deutlicher wird, dass der Lauf der Zeit nicht nur ein physikalisches Phänomen ist, sondern eng mit unserem Realitätserlebnis verknüpft ist. Der Zweite Hauptsatz der Thermodynamik liefert uns eine klare Erklärung dafür, warum die Zeit scheinbar voranschreitet. Doch die Beziehung zwischen diesem physikalischen Prinzip und dem Bewusstsein bleibt eine der tiefgreifendsten Fragen der Wissenschaft. Wie hängt die Zunahme der Entropie, die die physische Welt bestimmt, mit unserem inneren Zeiterleben zusammen? Ist der Lauf der Zeit etwas, das wir lediglich wahrnehmen, oder ist er in unser Bewusstsein selbst eingewoben?

In den folgenden Abschnitten dieses Kapitels untersuchen wir, wie der Zweite Hauptsatz der Thermodynamik unser Zeitverständnis prägt, wie dieses Gesetz unser subjektives Erleben beeinflusst und wie es mit den umfassenderen Fragen der Konzentration und der grundlegenden Natur des Universums zusammenhängt. Durch die Erforschung dieser Themen wollen wir Licht in die komplexen Zusammenhänge zwischen Zeit, Erkenntnis und Universum bringen – drei grundlegende Aspekte unseres Lebens, die Philosophen, Physiker und Denker gleichermaßen seit langem beschäftigen.

Im weiteren Verlauf werden wir untersuchen, wie dieses Zeitverständnis unsere Wahrnehmung unseres Platzes im Kosmos beeinflusst und ob es zeigt, dass die Zeitverschiebung mehr beinhaltet, als wir bisher erkannt haben. Ob Zeit ein grundlegender, unveränderlicher Bestandteil des Universums oder ein formbares Gebilde ist, das durch unser Bewusstsein geformt wird, ist eine Frage, die sich noch immer einer endgültigen Antwort entzieht. Durch sorgfältige Forschung und Erforschung der Gesetze der Thermodynamik, Quantenmechanik und der Natur der Erkenntnis könnten wir jedoch eines Tages die wahre Natur der Zeit – und damit auch unser Verständnis der Materie der Wahrheit – enthüllen.

4.2 Die Relativitätstheorie: Die Flexibilität von Zeit und Bewusstsein

Albert Einsteins Relativitätstheorie – sowohl speziell als auch allgemein – revolutionierte unser Verständnis von Raum, Zeit und der Struktur des Universums. Im Zentrum dieser Theorien steht die tiefgreifende Idee, dass Zeit kein festes, unveränderliches Gebilde, sondern eine flexible und dynamische Größe ist, die mit dem Raum verwoben ist. Diese Idee stellt unsere traditionellen Vorstellungen von Zeit als linearem, unveränderlichem Verlauf grundlegend in Frage. Indem wir die Zusammenhänge zwischen dem Konzept der Relativität, der Flexibilität der Zeit und der Natur des Bewusstseins entdecken, beginnen wir zu verstehen, wie diese vermeintlich abstrakten Ideen unser Wissen über die Realität prägen können.

Die spezielle Relativitätstheorie, die erstmals 1905 von Einstein vorgeschlagen wurde, begründete die revolutionäre Annahme, dass die Lichtgeschwindigkeit für alle Beobachter unabhängig von ihrer Bewegung konstant ist. Diese Erkenntnis hat tiefgreifende Auswirkungen auf unsere Wahrnehmung von

Zeit und Raum. Einer der bekanntesten Effekte der speziellen Relativitätstheorie ist die Zeitdilatation – das Phänomen, dass die Zeit bei Objekten, die sich mit hoher Geschwindigkeit bewegen, im Vergleich zu ruhenden Objekten langsamer zu vergehen scheint.

Stellen Sie sich ein Raumschiff vor, das sich mit annähernd Lichtgeschwindigkeit bewegt. Ein Beobachter auf der Erde könnte die Zeit im Raumschiff scheinbar verlangsamen. Für die Astronauten an Bord ticken die Uhren normal, doch aus der Perspektive eines Beobachters von außen könnte die Zeit an Bord des Raumschiffs gedehnt sein. Dieser Effekt verstärkt sich, wenn sich die Geschwindigkeit des Raumschiffs der Lichtgeschwindigkeit annähert. Dadurch dehnt und verbiegt sich die Zeit auf eine Weise, die unseren üblichen Beobachtungen fremd ist.

Diese Zeitdehnung stellt die klassische Vorstellung von Zeit als konsistentes, universell relevantes Maß in Frage. Zeit im relativistischen Sinne ist keine einheitliche Erfahrung. Sie ist vielmehr relativ zur Bewegung und Position des Beobachters im Universum. Die spezielle Relativitätstheorie führt daher zu einem stark flexiblen Zeitbegriff, bei dem der Zeitablauf für zwei Beobachter je nach ihrer relativen Geschwindigkeit variieren kann. Diese Wahrnehmung hat tiefgreifende Auswirkungen auf unser Verständnis der Datierung von Zeit und Bewusstsein.

Aus der Perspektive der Konzentration stellt die Zeitdilatation unser übliches statisches, lineares Zeitempfinden in Frage. Unsere subjektive Zeitwahrnehmung im Alltag verläuft gleichmäßig. Betrachten wir jedoch Hochgeschwindigkeitsereignisse durch die Linse der Relativität, begreifen wir, dass Zeit keinen intrinsischen, festen Fluss hat. Das Gehirn als bewusster Beobachter ist auf den Lauf der Zeit relativ eingestellt, geprägt durch äußere Einflüsse wie Geschwindigkeit und Schwerkraft. Dieses Bewusstsein lädt dazu ein, weiter zu erforschen, wie das Erkennen selbst durch relativistische Konsequenzen gefördert werden kann.

Einsteins 1915 veröffentlichtes Konzept der Allgemeinen Relativitätstheorie greift die Konzepte der Speziellen Relativitätstheorie auf und erweitert sie um Beschleunigung und Gravitation. Die Allgemeine Relativitätstheorie führt das Konzept der Raumzeit ein – ein vierdimensionales Kontinuum, das die drei Raumdimensionen mit der vierten Zeitdimension verbindet. Der Allgemeinen Relativitätstheorie zufolge krümmen massive Objekte wie Sterne und Planeten das sie umgebende Raumzeitgefüge. Diese Krümmung der Raumzeit hat zur Folge, dass die Lichtbahn gekrümmt wird und – entscheidend – der Lauf der Zeit beeinflusst wird.

Eine der wichtigsten Vorhersagen der Allgemeinen Relativitätstheorie ist die gravitative Zeitdilatation: Je näher sich ein Objekt einem massereichen Körper befindet, desto langsamer scheint die Zeit im Vergleich zu einem Beobachter zu vergehen, der weiter von der Gravitationsquelle entfernt ist. Dieser Effekt wurde experimentell nachgewiesen, indem Atomuhren in unterschiedlichen Höhen (und damit in unterschiedlichen Gravitationsfeldern) aufgestellt wurden. Uhren in der Nähe der Erdoberfläche ticken langsamer als Uhren in höheren Lagen, wo die Gravitationskraft schwächer ist.

Die Auswirkungen der gravitativen Zeitdilatation sind weitreichend. In einem Schwarzen Loch beispielsweise ist das Gravitationsfeld so stark, dass die Zeit aus der Ferne am Ereignishorizont nahezu stillzustehen scheint. Für einen Astronauten, der in ein Schwarzes Loch fällt, mag die Zeit aus seiner Perspektive weiterhin normal vergehen, für einen externen Beobachter hingegen mag es so aussehen, als sei der Astronaut beim Annähern an den Ereignishorizont in der Zeit eingefroren. Diese Zeitverzerrung stellt unser modernes Verständnis von zeitlichem Ablauf in Frage und legt nahe, dass die Zeit selbst keine feste, absolute Größe ist, sondern durch die Gravitation stark beeinflusst wird.

Für das Bewusstsein bieten diese Erkenntnisse eine faszinierende Perspektive auf unsere Wahrnehmung von Tatsachen. Wir erleben die Zeit linear, vom Jenseits ins Heute und in die Zukunft. In der relativistischen Sichtweise verhält sich die Zeit jedoch viel flexibler. Die Wahrnehmung der Zeit im Gehirn ist nicht statisch, sondern kann durch äußere Einflüsse wie Geschwindigkeit und Schwerkraft beeinflusst werden. Das Zeiterlebnis ist aus der Sicht eines Individuums nicht absolut, sondern kann je nach Bezugsrahmen in der Raumzeit erheblich variieren.

Die Beziehung zwischen Zeit und Raum nimmt, betrachtet durch die Linse der Relativitätstheorie, eine neue Dimension an. In unserem alltäglichen Leben erleben wir einen außergewöhnlich gleichmäßigen Zeitfluss, in dem Gegenwart, Zukunft klar und deutlich voneinander getrennt sind. Sowohl die spezielle als auch die allgemeine Relativitätstheorie zeigen jedoch, dass Zeit in Wirklichkeit viel fließender und relativer ist, als wir sie üblicherweise wahrnehmen.

Könnte das Bewusstsein selbst eine Herausforderung für diese relativistischen Effekte darstellen? Während die Effekte der Zeitdilatation üblicherweise nur bei Geschwindigkeiten nahe der Lichtgeschwindigkeit oder in starken Gravitationsfeldern signifikant sind, eröffnen sie doch die Möglichkeit, dass unser bewusstes Zeiterleben ähnlichen relativistischen Effekten ausgesetzt sein könnte, wenn auch in geringerem Maßstab. Beispielsweise könnte sich der Zeitablauf in extremen Situationen wie Hochgeschwindigkeitsreisen oder der Erforschung des Weltraums für Astronauten ungewöhnlich anfühlen, obwohl sie die Veränderungen selbst möglicherweise nicht unmittelbar wahrnehmen. Diese Diskrepanz zwischen subjektiver Zeit und dem tatsächlichen Zeitablauf wird noch spannender, wenn wir uns an die Natur des Bewusstseins selbst erinnern.

Die Flexibilität der Zeit in der Relativitätstheorie legt nahe, dass unsere Zeitwahrnehmung eng mit der fundamentalen Gestalt des Universums verknüpft sein könnte. Das Bewusstsein als Beobachter der Zeit könnte eine zentrale Rolle dabei spielen, wie wir den Lauf der Zeit verstehen. Wenn Zeit nicht absolut, sondern relativ ist, sollte unser bewusstes Erleben von Zeit dann in irgendeiner Weise mit dem Gefüge der Raumzeit selbst verbunden sein? Ist die Zeiterfahrung des Gehirns lediglich ein Spiegelbild der relativistischen Ereignisse im uns umgebenden Universum?

Eine Möglichkeit besteht darin, dass unser Zeitverständnis nicht nur ein intellektuelles Gebilde ist, sondern von den relativistischen Eigenschaften des Universums geprägt wird. Unser Gehirn mit seinen komplexen neuronalen Netzwerken könnte auf den Lauf der Zeit so abgestimmt sein, dass er die zugrunde liegende Form der Raumzeit widerspiegelt. Diese Theorie eröffnet die Möglichkeit, dass Bewusstsein und Zeit auf eine Weise miteinander verflochten sind, die wir erst jetzt zu begreifen beginnen.

Die durch die Relativität vermittelte Flexibilität der Zeit hat auch tiefgreifende Auswirkungen auf die Psychologie und Neurowissenschaft der Zeitwahrnehmung. Unser Zeiterleben ist nicht nur eine passive Widerspiegelung der Außenwelt, sondern ein aktiver Prozess, der von den inneren Mechanismen des Gehirns beeinflusst wird. Neurowissenschaftliche Forschungen haben gezeigt, dass das Gehirn Zeit über ein Netzwerk neuronaler Schaltkreise verarbeitet, die es uns ermöglichen, den Lauf der Zeit einzuschätzen und Entscheidungen basierend auf unseren zeitlichen Beobachtungen zu treffen. Könnten diese neuronalen Schaltkreise auch auf relativistische Effekte abgestimmt sein, sodass unsere Zeitwahrnehmung in extremen Situationen flexibler wird?

Studien zu veränderten Konzentrationszuständen, darunter solche, die durch Meditation, psychedelische Substanzen oder Nahtoderfahrungen hervorgerufen werden, haben gezeigt, dass sich die Zeit scheinbar ausdehnt oder komprimiert und die Grenzen zwischen Vergangenheit, Gegenwart und Zukunft verschwimmen können. Diese Geschichten deuten darauf hin, dass die Zeitwahrnehmung möglicherweise nicht konstant ist, sondern durch innere und äußere Faktoren geprägt werden kann. Könnte die Relativität dabei eine Rolle spielen? Wenn die Zeit physisch flexibel ist, könnte unser Gehirn diese Anpassungsfähigkeit unter bestimmten Bedingungen nutzen und so zu einer veränderten Zeitwahrnehmung führen?

Die Relativitätstheorie eröffnet eine neue Perspektive auf die Zeit. Sie legt nahe, dass sie keine unveränderliche, absolute Größe ist, sondern eine dynamische und flexible Dimension, die von Bewegung, Schwerkraft und der Form der Raumzeit selbst beeinflusst wird. Das Bewusstsein als Beobachter der Zeit ist eng mit diesen relativistischen Effekten verbunden und bietet einen faszinierenden Blickwinkel auf die Beziehung zwischen Zeit, Raum und menschlichem Geist. Indem wir die Auswirkungen der Relativität auf die physischen und mentalen Dimensionen der Zeit weiter erforschen, können wir auch neue Erkenntnisse über das Wesen der Realität und die Rolle des Bewusstseins darin gewinnen.

4.3 Quantenmechanik, Wahrscheinlichkeiten und die Struktur der Zeit

Die Quantenmechanik, das grundlegende Konzept der Physik, das die Natur auf kleinsten Skalen der Elektrizitätsgrade von Atomen und subatomaren Teilchen beschreibt, hat unser Verständnis der Realität grundlegend verändert. Im Gegensatz zur klassischen Mechanik, die sich mit deterministischen Ereignissen und vorhersehbaren Ergebnissen befasst, ist die Quantenmechanik im Wesentlichen probabilistisch. In diesem

Rahmen haben Teilchen weder eine bestimmte Position noch einen bestimmten Impuls, bis sie bestimmt werden können, sondern existieren in einem von Welleneigenschaften beherrschten Zufallsraum.

Die Quantenmechanik stellt unsere klassischen Zeitvorstellungen in Frage und lädt zugleich zu tiefgründigen Reflexionen über die Struktur der Zeit selbst ein. In welchem Zusammenhang stehen Möglichkeiten, Superposition und der Einfluss des Beobachters mit dem Lauf der Zeit? Kann die Quantenmechanik Einblicke in die Formbarkeit der Zeit ermöglichen, und wie könnte dies möglicherweise mit dem Fokus zusammenhängen, der sie erfasst? Diese Fragen an der Schnittstelle von Physik und Bewusstsein bieten einen tiefen Einblick in die fundamentale Natur der Realität, der Zeit und unserer Position als Beobachter.

Im Zentrum der Quantenmechanik steht das Konzept des Welle-Teilchen-Dualismus. Nach diesem Prinzip zeigen Teilchen, einschließlich Elektronen und Photonen, sowohl teilchen- als auch wellenartiges Verhalten. Dieser Dualismus wird im berühmten Doppelspalttest verkörpert: Teilchen, die durch zwei Schlitze hindurchgehen, erzeugen auf einem Detektorbildschirm ein Interferenzmuster, ähnlich dem Wellenverlauf. Bei der Lokalisierung verhalten sich die Teilchen jedoch wie diskrete Objekte und passieren jeweils nur einen

Schlitz. Dies deutet darauf hin, dass auf Quantenebene der Akt der Beobachtung das Ergebnis beeinflusst.

Dieser probabilistische Charakter der Quantenmechanik führt zum Konzept der Superposition – ein Quantenelement existiert gleichzeitig in allen möglichen Zuständen, bis es gemessen wird. Beispielsweise kann ein Elektron an mehreren Positionen in einem Atom existieren, jede mit einer positiven Wahrscheinlichkeit, bis es gefunden wird. An diesem Punkt „kollabiert" es in eine bestimmte Position. Dieses Phänomen unterstreicht die Vorstellung, dass die Realität auf der Quantenebene nicht immer deterministisch ist, sondern in einem Zustand der Wahrscheinlichkeit existiert und darauf wartet, dass ein Beobachter sie in einen konkreten Zustand zerlegt.

Die Quantenmechanik legt daher nahe, dass die Struktur der Realität nicht so fest und vorhersehbar ist, wie die klassische Physik vermuten lässt. Sie ist vielmehr probabilistisch und schwankt zwischen verschiedenen Kapazitätseffekten, bis sie gefunden werden. Diese inhärente Unsicherheit wirft grundlegende Fragen zur Rolle der Erkenntnis bei der Gestaltung der Realität auf, insbesondere im Hinblick auf die Beziehung zwischen Zeit und dem Einfluss des Beobachters. Wenn die Zeit auf Quantenebene nicht ununterbrochen, sondern als Kette von Perspektiven existiert, wie können wir als bewusste Wesen diese fluktuierende Realität

Jenseits des Verstandes

dann verstehen und erleben? Ist die Zeit selbst ein probabilistisches Phänomen mit mehreren Kapazitätszeiten, die bei unserer Betrachtung zu einer einzigen zusammenfallen?

Eines der größten Rätsel der Quantenmechanik ist das Dimensionsproblem. Nach der Kopenhagener Deutung der Quantenmechanik existieren Teilchen in einem Superpositionszustand – also in allen möglichen Zuständen gleichzeitig – bis sie gemessen werden. Bei diesem Punkt kollabiert die Welleneigenschaft und das Teilchen nimmt einen bestimmten Zustand an. Der Akt der Dimensionierung oder des Kommentars bringt die Maschine in einen ihrer möglichen Zustände. Dieses Konzept wirft die Frage auf: Was genau macht einen Kommentar aus, und wie beeinflusst die Anwesenheit eines aufmerksamen Beobachters den Zerfall der Welleneigenschaft?

Im Kontext der Zeit verändert der Beobachter die Situation, in der unser konventionelles Verständnis von Zeitlichkeit fliesst. Wenn Zeit ein ununterbrochener und unveränderlicher Fluss ist, warum legt die Quantenmechanik dann nahe, dass Ereignisse erst dann präzise werden, wenn sie lokalisiert werden? Dies deutet darauf hin, dass Zeit, genau wie die Teilchen selbst, keine feste, lineare Einheit ist, sondern durch Beobachtung beeinflusst wird. In dieser Erfahrung kann Zeit auch in einem Zustand der Überlagerung mit vielfältigen potenziellen Auswirkungen existieren, die erst durch die Beobachtung zu einer einzigen Realität „kollabieren" können.

Das Dimensionsproblem und die Position des Beobachters zeigen, dass der Fokus den Lauf der Zeit nicht nur passiv erlebt, sondern aktiv an der Entstehung zeitlicher Realität teilnimmt. Dieses Konzept wurde in verschiedenen philosophischen Interpretationen der Quantenmechanik untersucht, darunter auch im „Viele-Welten"-Konzept, in dem jedes mögliche Ergebnis eines Quantenereignisses in einem Paralleluniversum existiert. In dieser Sichtweise ist Zeit kein einzelner, ununterbrochener Faden, sondern eine verzweigte, probabilistische Struktur mit einzigartigen Zeitlinien, die gleichzeitig koexistieren und sich entwickeln und darauf warten, erlebt zu werden.

Ein weiteres Schlüsselphänomen der Quantenmechanik, das unser traditionelles Zeitverständnis in Frage stellt, ist die Quantenverschränkung. Wenn ein oder mehrere Teilchen miteinander verschränkt werden, sind ihre Eigenschaften so miteinander verflochten, dass der Zustand eines Teilchens unmittelbar den Zustand des anderen beeinflusst, unabhängig vom Abstand zwischen ihnen. Diese Nichtlokalität, bei der sich Daten scheinbar schneller als mit Lichtgeschwindigkeit bewegen, widerspricht direkt der klassischen Ansicht, dass sich Daten nur mit endlicher Geschwindigkeit bewegen können.

Die Auswirkungen der Verschränkung auf die Struktur der Zeit sind tiefgreifend. Wenn sich Trümmerteile unabhängig von der Entfernung unmittelbar gegenseitig beeinflussen können, wird die traditionelle Wahrnehmung von Zeit als lineare Abfolge von Aktivitäten in Frage gestellt. Liegt es daran, dass der Lauf der Zeit nicht so linear und geordnet ist, wie wir ihn kennen? Vielleicht ist die Zeit, wie die Quantenverschränkung, nicht auf den lokalen Fluss von Ereignissen beschränkt, sondern vielmehr auf eine Weise miteinander verbunden, die räumliche und zeitliche Grenzen überschreitet. Diese Vernetzung stellt das Gefüge der Zeit als einheitlichen, kohärenten Fluss in Frage und zeigt, dass der Zeitfluss viel komplexer und verworrener sein kann, als wir uns vorstellen.

Diese Vernetzung wirft spannende Fragen auf. Wenn Quantensysteme miteinander verschränkt sind und sich über Raum und Zeit hinweg gegenseitig beeinflussen, sollte dann auch unser bewusstes Erleben mit dem größeren Gefüge des Universums verflochten sein? Könnte unsere Wahrnehmung von Zeit und der Welt um uns herum durch nicht-lokale Quanteninteraktionen beeinflusst werden und unser Wissen über Vergangenheit, Gegenwart und Zukunft auf eine Weise prägen, die über die Grenzen unserer alltäglichen Erfahrung hinausgeht?

Eines der größten Rätsel der klassischen und der Quantenphysik ist der „Zeitpfeil" – die Frage, warum sich die Zeit scheinbar in eine Richtung bewegt, von der Vergangenheit über die Gegenwart zur Zukunft. In der klassischen Mechanik sind die physikalischen Gesetze zeitsymmetrisch, das heißt, sie unterscheiden nicht zwangsläufig zwischen Vergangenheit und Zukunft. In unserer alltäglichen Erfahrung bewegt sich die Zeit jedoch nur in eine Richtung – das ist der Zeitpfeil.

Auf der Quantenebene ist die Sachlage noch rätselhafter. Die Quantenmechanik basiert auf Wahrscheinlichkeitstheorien, wonach Ereignisse auf viele mögliche Weisen eintreten können. Dennoch genießen wir einen linearen Zeitverlauf, in dem die Vernunft der Wirkung vorausgeht. Dieser scheinbare Widerspruch zwischen der fundamentalen Symmetrie der Quantenmechanik und dem Zeitpfeil gibt Physikern seit vielen Jahren Rätsel auf.

Die Lösung dieses Paradoxons könnte auch im Konzept der Entropie liegen, wie es im zweiten Hauptsatz der Thermodynamik beschrieben wird. Vereinfacht ausgedrückt misst Entropie den Grad der Unordnung in einem Gerät. Im Laufe der Zeit tendieren Strukturen dazu, von Zuständen niedrigerer Entropie (höhere Ordnung) zu höherer Entropie (höherer Unordnung) zu wechseln. Dies liefert eine statistische Erklärung für den Zeitverlauf – Ereignisse tendieren dazu, sich in Richtung höherer Unordnung zu bewegen, was uns die

Vorstellung vermittelt, dass die Zeit von der Vergangenheit in die Zukunft fließt. In der Quantenmechanik könnte der Zeitpfeil mit der statistischen Tendenz von Quantenzuständen in Verbindung gebracht werden, sich einer höheren Entropie anzunähern, obwohl die zugrunde liegenden Gesetze der Physik zeitsymmetrisch sind.

Dieser Zusammenhang zwischen Entropie und Zeitpfeil legt nahe, dass die Quantenmechanik zwar auf Mikroebene mehrere Möglichkeiten zulässt, die makroskopische Welt, in der wir leben, jedoch durch Wahrscheinlichkeitseffekte geformt wird, die dem Zeitpfeil folgen und von der zunehmenden Unordnung des Universums angetrieben werden. Daher mag die Zeit in der Quantenwelt flexibel und unsicher erscheinen, folgt jedoch auf größeren Skalen einer klaren Richtung, die durch die zunehmende Entropie des Universums beschrieben wird.

Die Quantenmechanik stellt unser Verständnis von Zeit immer wieder auf die Probe und wirft zugleich faszinierende Fragen zur Natur des Bewusstseins und seiner Beziehung zur Quantenwelt auf. Könnte das Bewusstsein am Kollaps von Quantenwellenfunktionen beteiligt sein und so den Lauf der Zeit beeinflussen? Könnte das Gehirn, das auf Quantenebene arbeitet, die Art und Weise beeinflussen, wie Zeit erlebt wird, und wenn ja, wie beeinflusst dies unser Verständnis von Willensfreiheit und Determinismus?

Fevzi H.

Die Quantenmechanik zeigt, dass Zeit, genau wie andere physikalische Phänomene, möglicherweise nicht so starr oder linear ist, wie wir sie verstehen. Der probabilistische Charakter von Quantensystemen, die Rolle des Beobachters bei kollabierenden Wellenfunktionen und die Nichtlokalität der Quantenverschränkung deuten auf eine viel flüssigere, vernetztere und komplexere Form der Zeit hin, als wir bisher verstanden haben. Mit zunehmendem Verständnis der Quantenmechanik könnten wir auch neue Erkenntnisse darüber gewinnen, wie Bewusstsein mit der Realität interagiert und nicht nur das Zeitgefühl, sondern auch die Natur des Universums selbst prägt.

4.4 Parallele Zeitlinien und alternative Realitäten

Das Konzept paralleler Zeitlinien und wechselseitiger Realitäten beschäftigt Wissenschaftler und Philosophen seit Jahrhunderten und inspiriert unterschiedliche Interpretationen der Quantenmechanik und der Natur der Zeit. Die Vorstellung, dass mehrere Versionen der Realität gleichzeitig existieren können, die sich jeweils unabhängig oder parallel entwickeln, stellt unser Verständnis von Zeit als einheitlicher, linearer Entwicklung in Frage. In diesem Kontext wird Zeit nicht als einseitige Bewegung von jenseits zum Schicksal betrachtet, sondern als fließende, verzweigte Struktur, die mehrere mögliche Ergebnisse umfasst, von denen jedes eine eigene Zeitlinie oder wechselseitige Realität darstellt.

Parallele Zeitlinien und alternative Realitäten sind nicht bloß spekulative Theorien aus der Science-Fiction; sie sind tief verwurzelt in den Interpretationen der Quantenmechanik, der Kosmologie und der Natur des Lebens selbst. Diese Überlegungen laden uns ein, den Charakter der Zeit und die Rolle der Konzentration bei der Gestaltung der Realität zu überdenken. Könnte es sein, dass jede Entscheidung, jedes Ereignis eine neue Realität hervorbringt, in der eine endlose Anzahl möglicher Konsequenzen parallel nebeneinander existieren? Was bedeutet dies für das Erleben von Zeit und den Charakter des Bewusstseins, wenn es durch diese verschiedenen Realitäten navigiert? Bei der Untersuchung dieser Fragen entdecken wir eine umfassendere, dynamischere Sichtweise der Zeit, die mit dem Gewebe des Kosmos eng verwoben ist.

Einer der am häufigsten diskutierten Rahmen für parallele Informationszeitlinien ist die Viele-Welten-Interpretation (MWI) der Quantenmechanik. Die 1957 vom Physiker Hugh Everett vorgeschlagene MWI zeigt, dass jedes Quantenereignis mehrere mögliche Ergebnisse hat. Anstatt bei der Beobachtung zu einer einzigen Realität zu verschmelzen, koexistieren diese Ergebnisse in getrennten, nicht kommunizierenden Zweigen des Universums. Jedes mögliche

Ergebnis eines Quantenereignisses existiert in seinem eigenen Paralleluniversum, in dem sich die Ereignisse dieses Universums unabhängig von anderen ausbreiten.

Nach dieser Interpretation zerlegt der Akt der Beobachtung die Wellencharakteristik nicht in einen einzigen Zustand, wie es die Kopenhagener Deutung vorschlägt. Stattdessen existieren alle möglichen Effekte weiterhin in parallelen Realitäten, und unser Auge nimmt tatsächlich eine davon wahr. In dieser Sichtweise ist das Universum kein einheitlicher, linearer Zeitverlauf, sondern ein großes, verzweigtes Multiversum, in dem jede Entscheidung, Dimension oder jedes Quantenereignis einen neuen Realitätszweig erzeugt.

Die Viele-Welten-Interpretation bietet ein radikales Umdenken in Bezug auf Zeit und Realität. Anstatt Zeit als eine einzelne, deterministische Zeitlinie zu betrachten, führt sie das Konzept einer unendlichen Anzahl paralleler Zeitlinien ein, die jeweils ein einzigartiges Ergebnis jedes möglichen Quantenereignisses darstellen. Diese Zeitlinien sind nicht bloß theoretisch; sie sind reale, greifbare Realitäten, jede mit ihrem eigenen Modell von Vergangenheit, Gegenwart und Zukunft. Die Implikationen dieser Sichtweise projizieren unser traditionelles Verständnis von Kausalität, freiem Willen und der Natur der Existenz.

Im Kontext der Quantenmechanik bezeichnet Superposition das Phänomen, dass Teilchen gleichzeitig in mehreren Zuständen existieren und sich erst bei ihrer Ankunft in einem bestimmten Zustand befinden. Dieses Konzept ist für die Viele-Welten-Interpretation von Bedeutung, in der alle möglichen Ergebnisse eines Quantenereignisses gleichzeitig in einem Zustand der Superposition existieren und so mehrere parallele Realitäten erzeugen. Doch was passiert mit der Zeit in einem solchen Zustand?

In der klassischen Physik ist Zeit ein kontinuierlicher, linearer Prozess von der Vergangenheit bis zur Zukunft. In der Quantenwelt hingegen bedeutet Superposition, dass Zeit kein starrer, unidirektionaler Fluss ist. Wenn jedes Quantenereignis mehrere mögliche Ergebnisse hervorbringt, bedeutet dies, dass die Zeit kein einzelner, unveränderlicher Pfad ist, sondern ein sich verzweigendes Netzwerk, wobei jeder Zweig eine separate, parallele Zeitlinie darstellt. Diese Zweige, die jeweils ein anderes Modell der Realität repräsentieren, verschmelzen nicht miteinander oder interagieren miteinander, sondern entwickeln sich unabhängig voneinander.

Diese Verzweigung der Zeit deutet darauf hin, dass der Lauf der Zeit viel fließender und dynamischer sein könnte, als wir ihn im Alltag wahrnehmen. Statt einer einzigen, vorgegebenen Zeitlinie kann Zeit als ein Netzwerk mehrerer paralleler Zeitlinien betrachtet werden, wobei jede

Entscheidung oder jedes Ereignis eine Divergenz erzeugt und zur Entstehung einer neuen Realität führt. Diese Sichtweise definiert unser Verständnis von Zeit als neuartiges, lineares Phänomen neu und legt nahe, dass Zeit in Wahrheit komplexer und vernetzter sein könnte, mit unzähligen Möglichkeiten, die gleichzeitig koexistieren.

Das Konzept paralleler Zeitlinien und sich verändernder Realitäten wirft tiefgreifende Fragen zum Verhältnis von Bewusstsein und Zeit auf. Existieren mehrere Realitäten gleichzeitig, wird die Wahrnehmung der Zeit selbst subjektiv und durch unsere Entscheidungen und die Zeitlinien, in denen wir uns befinden, geprägt. Unser Bewusstsein bewegt sich nicht zwangsläufig entlang einer festen Zeitlinie, sondern navigiert zwischen verschiedenen Zweigen der Realität und erlebt parallel mehrere Variationen von Ereignissen und Entscheidungen.

Diese Idee hat enorme Auswirkungen auf die Natur des freien Willens. Wenn jede unserer Entscheidungen eine neue Realität hervorbringt, bedeutet das dann, dass unsere Entscheidungen nicht so deterministisch sind, wie sie scheinen? In einem Multiversum paralleler Realitäten, in dem jedes mögliche Ergebnis in einer separaten Zeitlinie definiert wird, erhält der freie Wille eine völlig neue Dimension. Anstatt an eine einheitliche Realität gebunden zu sein, kann unser Bewusstsein als Reisender zwischen verschiedenen Zeitlinien

Jenseits des Verstandes

wahrgenommen werden, der die Konsequenzen jedes Wunsches, jeder Bewegung und jedes möglichen Ergebnisses erlebt. In diesem Sinne wird Zeit zu einem dynamischen, fließenden Konstrukt mit unendlichen Möglichkeiten zur Erkundung.

Die Vorstellung von sich verändernden Realitäten stellt auch unser Verständnis von Kausalität auf die Probe. In der klassischen Physik sind Ursache und Wirkung grundlegende Konzepte, die den Lauf der Zeit bestimmen. In einem Multiversum paralleler Zeitlinien sind Ursache und Wirkung jedoch möglicherweise nicht so eindeutig. Wenn Ereignisse einer Zeitlinie nicht kausal mit denen einer anderen verbunden sind, deutet dies darauf hin, dass Zeitfluss und Kausalität möglicherweise nicht vorherrschend, sondern für jede einzelne Zeitlinie spezifisch sind. Dies wirft die interessante Möglichkeit auf, dass unser Zeitempfinden nur eine von vielen möglichen Wirkungen ist, die durch unser Bewusstsein bei der Navigation durch das verzweigte Multiversum geprägt werden.

Wenn Zeit nicht immer ein einheitlicher, linearer Verlauf ist, sondern vielmehr ein verzweigtes Netzwerk paralleler Realitäten, wie verteilt sich dann der Zeitablauf über diese unterschiedlichen Zeitlinien? In der Viele-Welten-Interpretation entwickelt sich jedes Paralleluniversum unabhängig und hat sein eigenes Zeitmodell. Diese Zeitlinien sind nicht durch eine gemeinsame Zeitachse verbunden, und daher kann die Zeit in einer Realität anders verlaufen als in einer anderen.

Eine mögliche Implikation dieser Theorie ist, dass die Zeit selbst nicht nur relativ zu Beobachtern in einer bestimmten Realität, sondern auch zu den Realitäten ist, in denen sie leben. So wie die Zeit mit der Lichtgeschwindigkeit oder in Gegenwart starker Gravitationsfelder langsamer zu vergehen scheint, so sollte sich auch die Zeit in verschiedenen Paralleluniversen je nach den Ereignissen, die sich in ihnen abspielen, unterschiedlich verhalten. Der Zeitfluss in einem Universum kann sich stark vom Zeitfluss in einem anderen unterscheiden und so ein komplexes und sich ständig veränderndes Netzwerk von Realitäten mit jeweils eigener zeitlicher Dynamik bilden.

Diese Verzweigung der Zeit könnte auch eine Erklärung für bestimmte Phänomene liefern, die unser traditionelles Zeitverständnis in Frage zu stellen scheinen. Beispielsweise könnten Ereignisse, die scheinbar die Kausalität verletzen, wie Zeitparadoxien, als Ergebnis von Interaktionen zwischen parallelen Zeitlinien betrachtet werden. In dieser Sichtweise könnte das, was wir als zeitliche Anomalie verstehen, tatsächlich das Ergebnis der Überschneidung zweier unterschiedlicher Realitäten sein, jede mit ihrer eigenen kausalen Form. Dieses Konzept stellt unser Verständnis von Zeit als starrer, unveränderlicher Strömung in Frage und zeigt,

Jenseits des Verstandes

dass der Charakter der Zeit weitaus komplexer und vielschichtiger ist, als wir derzeit verstehen können.

Die Erforschung paralleler Zeitlinien und alternativer Realitäten deutet auf ein radikales Umdenken in Bezug auf den Charakter der Realität hin. In einem Multiversum ist die Realität nicht immer ein einheitliches Ganzes, sondern eine Reihe unbegrenzter, unabhängiger Zeitlinien, jede mit ihrer eigenen Version von Ereignissen und ihrem eigenen Zeitfluss. Diese Sichtweise stellt unsere herkömmlichen Vorstellungen von Raum und Zeit in Frage und legt nahe, dass das Universum kein statisches, unveränderliches Gebilde ist, sondern ein dynamisches, sich entwickelndes Netzwerk paralleler Realitäten, die sich jeweils nach ihren eigenen Regeln entwickeln.

In diesem multiversalen Rahmen spielt das Bewusstsein eine bedeutende Rolle bei der Gestaltung der Wahrheit. Anstatt passiv den Lauf der Zeit zu beobachten, navigiert die Aufmerksamkeit aktiv zwischen verschiedenen Zeitlinien und erlebt dabei verschiedene Versionen von Ereignissen und Entscheidungen. Diese Sichtweise der Wahrheit verändert nicht nur unser Zeitverständnis, sondern definiert auch die Natur der Existenz neu. Wenn unsere Aufmerksamkeit in der Lage ist, mehrere Zeitlinien zu erfassen, werden die Grenzen des Selbst, der Vergangenheit und der Zukunft fließend, miteinander verbunden und unendlich erweiterbar.

Fevzi H.

Das Konzept paralleler Zeitlinien und sich verändernder Realitäten eröffnet eine tiefgreifend neue Perspektive auf die Natur von Zeit, Erkenntnis und Existenz. Indem wir Zeit als verzweigte, probabilistische Form betrachten, eröffnen wir neue Möglichkeiten, die Dynamik des Kosmos, die Rolle der Aufmerksamkeit bei der Gestaltung der Realität und die grundlegende Natur des Multiversums selbst zu verstehen. Da sich unser Wissen über Quantenmechanik und die Natur der Realität stetig weiterentwickelt, wird die Möglichkeit alternativer Zeitlinien und paralleler Realitäten zu einem immer wichtigeren Untersuchungsfeld und verspricht, das Gefüge von Zeit und Leben neu zu definieren.

4.5 Die tiefe Verbindung zwischen Bewusstsein und Zeit

Die Verbindung zwischen Bewusstsein und Zeit ist seit Jahrhunderten Gegenstand faszinierender und philosophischer Debatten. Beide für das menschliche Leben so wesentlichen Konzepte sind eng miteinander verflochten, doch ihre Verbindung bleibt schwer fassbar. Zeit ist die stets fließende Dimension, in der sich Ereignisse entfalten, und Fokus ist die subjektive Erfahrung, durch die wir diese Ereignisse verstehen. Das Verständnis der Verknüpfung dieser Elemente bietet tiefe Einblicke in die Natur der Realität, den freien Willen und die Gestalt des Universums selbst.

Auf der grundlegendsten Ebene ist unser Zeiterleben untrennbar mit unserer bewussten Konzentration verbunden. Der Fluss der Zeit, wie wir ihn wahrnehmen, ist ein Produkt unseres Geistes, geformt durch die Sinneseindrücke, die wir aufnehmen, und die mentalen Prozesse, mit denen wir diese Aufzeichnungen verarbeiten. Dieses Wissen spiegelt jedoch nicht immer die wahre Natur der Zeit wider, die weit über die Grenzen des menschlichen Denkens hinausgehen kann. Die tiefe Verbindung zwischen Erkenntnis und Zeit fordert uns heraus, uns daran zu erinnern, wie beide nicht nur in unserem Geist, sondern auf einer fundamentalen Ebene im Kosmos interagieren.

Unsere Zeitwahrnehmung wird maßgeblich davon bestimmt, wie unser Bewusstsein die empfangenen Informationen verarbeitet. In seiner Interaktion mit der Außenwelt fügt das Gehirn Momente des Erlebens zu einer fortlaufenden Erzählung zusammen, die das Gefühl des „gegenwärtigen Augenblicks" entstehen lässt. Die Vergangenheit wird als Erinnerung gespeichert, die Zukunft als Erwartung, und die Gegenwart wird als sich ständig verändernder Augenblick erlebt, der in die Vergangenheit übergeht. Doch diese Erzählung ist nicht statisch; sie wird durch die Natur des Bewusstseins selbst geformt, das sensorische Informationen ständig interpretiert und neu interpretiert, um ein kohärentes Zeiterlebnis zu schaffen.

Fevzi H.

In diesem Kontext kann Wahrnehmung als „Zeitmesser" verstanden werden, der den Ablauf der Aktivitäten ordnet und ordnet, aber kein passiver Beobachter ist. Das Bewusstsein gestaltet unser Zeiterlebnis aktiv, indem es die empfangenen Sinneseindrücke organisiert, Zweck und Wirkung ordnet und ein Gefühl der Kontinuität zwischen Vergangenheit, Gegenwart und Zukunft aufrechterhält. Diese dynamische Funktion des Bewusstseins wirft wichtige Fragen auf: Wie prägt Wahrnehmung ein kontinuierliches Zeiterlebnis, während das Gehirn ständig mit fragmentarischen Reizen bombardiert wird? Und wie hängen diese intellektuellen Prozesse mit der physischen Realität der Zeit zusammen, wie sie die moderne Physik versteht?

Moderne Theorien der Quantenmechanik, Relativitätstheorie und Kosmologie haben neue Wege der Zeitbetrachtung eröffnet und gezeigt, dass Zeit möglicherweise nicht so wahrheitsgetreu ist, wie wir sie uns vorstellen. In Einsteins Relativitätsprinzip ist Zeit nicht unbedingt eine absolute, allgemeine Uhr, sondern eine relative, flexible Dimension, die je nach Geschwindigkeit und Position des Beobachters im Raum variiert. Diese Relativität der Zeit stellt die klassische Vorstellung eines starren, unveränderlichen Zeitflusses in Frage. Doch wie verhält sich dieser flexible Zeitbegriff zu unserem subjektiven Erleben?

Eine Möglichkeit besteht darin, dass Bewusstsein, anstatt den Lauf der Zeit nur zu reflektieren, auch eine Rolle bei ihrer Gestaltung spielen kann. Wenn Zeit relativ ist und vom Beobachter abhängt, folgt daraus, dass Bewusstsein selbst die Wahrnehmung von Zeit beeinflussen kann, nicht nur durch den Interpretationsprozess, sondern durch die Interaktion mit der Zeit als physischer Dimension. In dieser Sichtweise ist Zeit nicht unbedingt ein Hintergrund des Bewusstseins; vielmehr kann Aufmerksamkeit ein aktiver Teilnehmer am Gefüge der Zeit selbst sein. Dieses Konzept zeigt, dass unsere Zeiterfahrung in verschiedenen Fokussierungsebenen variieren kann, wobei die Zeit unter bestimmten Umständen langsamer oder schneller zu vergehen oder sogar nebensächlich zu erscheinen scheint.

Ein wichtiger Aspekt der Verbindung zwischen Bewusstsein und Zeit ist unser Erleben des gegenwärtigen Augenblicks. Für die meisten Menschen scheint der gegenwärtige Moment zu vergehen, sobald er erlebt ist, und erzeugt die Illusion eines ununterbrochenen Schwebens. Dieses Erleben des gegenwärtigen Augenblicks ist jedoch alles andere als einfach. Es entsteht durch die Fähigkeit des Gehirns, Informationen in Echtzeit zu verarbeiten und bis zu einem gewissen Grad zukünftige Ereignisse auf der Grundlage vergangener Informationen vorherzusagen. Diese intellektuelle

Verarbeitung erzeugt die Illusion des „Jetzt", doch die Realität kann komplexer sein.

In manchen philosophischen Traditionen wird Zeit als Phantasma betrachtet, in dem Jenseits, Gabe und Schicksal gleichzeitig als ein ewiges Ganzes gegenwärtig sind. Diese Perspektive zeigt, dass unsere Aufmerksamkeit durch den linearen Fluss der Zeit eingeschränkt werden kann, was uns daran hindert, diese unsterbliche Wahrheit unmittelbar zu erfahren. Aus einer eher medizinischen Perspektive stellt sich die Frage: Ist unsere Vorstellung vom gegenwärtigen Moment eine direkte Widerspiegelung der Zeit oder ein intellektuelles Gebilde, geformt durch die Einschränkungen unserer bewussten Konzentration?

Die Verarbeitung sensorischer Informationen durch das Gehirn könnte dafür verantwortlich sein, dass wir Zeit als linearen Prozess erleben, obwohl die Zeit in der Quantenmechanik nicht so klar geordnet ist. Das Gefühl des gegenwärtigen Augenblicks, so flüchtig er auch sein mag, kann auch aus dem Versuch unseres Gehirns entstehen, Ordnung in den chaotischen Fluss der Ereignisse zu bringen. Indem es sich auf das „Jetzt" konzentriert, konstruiert das Gehirn eine zusammenhängende Erzählung, die es uns ermöglicht, in einer von der Zeit beherrschten Welt zu agieren. Diese Produktion

Jenseits des Verstandes

ist jedoch möglicherweise weit entfernt von einem tatsächlichen Spiegelbild der fundamentalen Natur der Zeit.

Der Zusammenhang zwischen Aufmerksamkeit und Zeit erhält im Kontext der Quantenmechanik noch faszinierendere Dimensionen. In der Quantentheorie existieren Teilchen in einem Zustand des Zufalls, bis sie entdeckt werden und in einen bestimmten Zustand kollabieren. Dies deutet darauf hin, dass auch Kommentare – durch ein bewusstes Wesen – die Auswirkungen von Quantenereignissen beeinflussen können. Einige Interpretationen der Quantenmechanik, darunter die Kopenhagener Deutung, gehen sogar davon aus, dass Aufmerksamkeit für den Zerfall der Quantenwellenfunktion verantwortlich ist und damit Möglichkeiten zur Realität werden lässt.

Wenn die Konzentration auf diese Weise an den Stoff der Wahrheit gebunden ist, folgt daraus, dass unser Zeitempfinden durch Quantenprozesse grundlegend stimuliert werden kann. Quanteneffekte, wie Superposition und Verschränkung, verwischen die Grenzen zwischen Vergangenheit, Gegenwart und Zukunft. Einige Theoretiker vermuten, dass das Bewusstsein durch Quantenprozesse Zugang zu bestimmten Zeitpunkten erlangen könnte. Dies könnte Phänomene wie Präkognition, Zeitdilatation und andere Phänomene erklären, die über den normalen Zeitablauf hinauszugehen scheinen.

Fevzi H.

Das Zeitkonzept der Quantenmechanik unterscheidet sich deutlich von der klassischen Theorie. Es handelt sich nicht um einen kontinuierlichen, linearen Verlauf, sondern um eine dynamische, probabilistische Strömung, in der mehrere mögliche Ergebnisse gleichzeitig existieren. Das Bewusstsein als Beobachter kann zudem eine Rolle bei der Entscheidung spielen, welche Zeitlinie oder Realität verwirklicht wird, und die Zeitwahrnehmung mit dem Prozess der Aussage verknüpfen.

Eine der tiefgreifendsten Fragen im Blick auf die Zeit lautet: Woher kommt die Zeit? Ist sie ein wesentlicher Bestandteil des Universums oder ein Nebenprodukt der Interaktion von Aufmerksamkeit mit der physischen Welt? Einige Theorien der Quantengravitation legen nahe, dass die Zeit selbst einem grundlegenderen, unsterblichen Zustand entspringt. Dieser Ansicht zufolge ist Zeit keine intrinsische Eigenschaft des Universums, sondern ein Konstrukt, das aus den komplexen Wechselwirkungen von Zählung, Energie und Wahrnehmung entsteht.

In diesem Rahmen spielt das Bewusstsein eine zentrale Rolle bei der Entstehung von Zeit. Anstatt passiver Beobachter einer bereits bestehenden, vorgegebenen Zeitlinie zu sein, ist das Bewusstsein aktiv an der Entstehung und dem Erleben der Zeit selbst beteiligt. Diese Haltung eröffnet die Möglichkeit, dass Zeit kein allgemeines, objektives Phänomen ist, sondern eine subjektive Erfahrung, die durch den Beobachter und seine Interaktion mit der Welt geprägt wird.

Diese zunehmende Sichtweise auf Zeit als subjektive, bewusste Erfahrung hat tiefgreifende Auswirkungen auf unser Verständnis des Universums. Wenn Zeit keine unveränderliche Konstante, sondern ein flexibles, vom Beobachter festgelegtes Phänomen ist, dann könnte die Form der Realität selbst deutlich fließender und dynamischer sein als bisher angenommen. Bewusstsein ist kein Nebenprodukt der Zeit, sondern der Motor, der den Lauf der Zeit antreibt und unser Erleben der Realität prägt.

Die Verbindung zwischen Bewusstsein und Zeit ist einer der tiefgründigsten und geheimnisvollsten Aspekte menschlichen Erlebens. Zeit ist nicht nur ein abstraktes Konzept oder eine bloße Kulisse unseres Lebens, sondern ein grundlegendes Maß der Realität, das mit dem Wesen des Lebens verwoben ist. Bewusstsein als subjektive Erfahrung der Realität spielt eine entscheidende Rolle bei der Gestaltung unseres Zeitverständnisses und unserer Wahrnehmung der uns umgebenden Welt.

Mit der Weiterentwicklung unseres Verständnisses von Zeit und Konzentration könnten wir Zeit nicht mehr als lineare Entwicklung, sondern als dynamisches, sich verzweigendes Netzwerk von Möglichkeiten begreifen, das durch die Aufmerksamkeit, die sie beobachtet, geformt wird. Die tiefe

Verbindung zwischen Konzentration und Zeit lädt uns ein, unseren Platz im Universum, den Charakter der Wahrheit und die Form des Lebens selbst zu überdenken. Sie legt nahe, dass Bewusstsein, weit davon entfernt, ein passiver Beobachter zu sein, ein aktiver Akteur im Entfalten der Zeit und der Entstehung der Realität ist. Während wir die Geheimnisse der Zeit weiter erforschen, könnten wir schließlich feststellen, dass Zeit nicht nur eine Dimension des Kosmos ist, sondern das Bewusstsein des Kosmos selbst.

KAPITEL 5

Zeitreisen und die Grenzen des Bewusstseins

5.1 Sind Zeitreisen mit dem Geist möglich?

Das Konzept der Zeitreise fasziniert seit langem, nicht nur in der Science-Fiction, sondern auch in den Nationalstaaten der theoretischen Physik und Psychologie. Die Möglichkeit, durch die Zeit zu reisen – sich frei zwischen Vergangenheit, Gegenwart und Zukunft zu bewegen – erscheint nach unserem heutigen wissenschaftlichen Verständnis unmöglich. Einige Theorien legen jedoch nahe, dass Zeitreisen durch Mechanismen möglich sind, die nicht nur Raum und Zeit, sondern auch die Fähigkeiten des menschlichen Gehirns einbeziehen.

Um die Möglichkeit von Zeitreisen im Geiste zu erforschen, müssen wir zunächst die Natur der Zeit selbst definieren. Traditionell wurde Zeit als linearer Verlauf verstanden, wobei jede Sekunde unaufhaltsam von der Vergangenheit über die Gegenwart in die Zukunft fließt. Moderne physikalische Theorien – vor allem aus den Bereichen Quantenmechanik und Relativität – vertreten jedoch diese klare Sichtweise und legen nahe, dass Zeit weitaus formbarer sein könnte, als wir einst dachten.

Der erste Schritt bei der Erforschung von Zeitreisen besteht darin, die Natur der Zeit selbst zu erforschen. In der klassischen Physik wird Zeit regelmäßig als stetig betrachtet, die unabhängig vom Bewegungsland des Beobachters in gleichmäßigem Rhythmus vorwärts tickt. Einsteins Relativitätstheorie veränderte jedoch unser Zeitverständnis grundlegend und legte nahe, dass sie nicht absolut, sondern relativ ist. Die Zeit kann sich je nach Geschwindigkeit und Gravitationsfeld eines Beobachters dehnen und stauchen. Unter extremen Bedingungen, beispielsweise bei Reisen mit annähernd Lichtgeschwindigkeit, verlangsamt sich die Zeit, was zur sogenannten Zeitdilatation führt.

Dieses Phänomen, obwohl theoretisch belegt, findet nur unter sehr einzigartigen und intensiven Umständen statt, die weit über die Fähigkeiten der heutigen Menschheitsgeneration hinausgehen. Die Vorstellung, dass Zeit selbst keine feste Konstante ist, eröffnet jedoch die Möglichkeit der Zeitmanipulation – in Form von Zeitreisen.

Auf der Quantenebene verhält sich die Zeit seltsam und kontraintuitiv. Die Quantenmechanik, die Theorie, die das Verhalten von Teilchen auf kleinsten Skalen beschreibt, führt das Konzept der Superposition ein, bei dem Teilchen gleichzeitig in mehreren Zuständen existieren können. Dies zeigt, dass die Zeit möglicherweise nicht so linear ist, wie wir sie wahrnehmen. Einige Theorien legen nahe, dass die Aufmerksamkeit eine entscheidende Rolle beim Kollaps der Quantenwellenfunktion spielt – das heißt, mögliche Realitäten durch Beobachtung „real" werden zu lassen.

Fevzi H.

Die Verbindung zwischen Wahrnehmung und Quantenmechanik wird oft als „Beobachtereffekt" bezeichnet. Im Wesentlichen scheint der Akt der Wahrnehmung – oder die Wahrnehmung selbst – die Struktur eines Quantensystems zu steuern. Wenn Wahrnehmung einen solchen Einfluss auf die materielle Welt auf Quantenebene hat, könnte sie dann auch den Zeitablauf beeinflussen? Die Theorie, dass Wahrnehmung die Zeitmessung beeinflusst, ist verlockend, bleibt aber spekulativ und weitgehend unerforscht.

Unser subjektives Zeitempfinden wird stark vom Gehirn beeinflusst. Während Zeit oft als etwas Unveränderliches wahrgenommen wird – ein äußeres Phänomen, das unabhängig von menschlicher Aktivität vergeht – kann unser Zeitempfinden je nach geistigem Zustand, emotionalen Erfahrungen oder sogar physiologischen Bedingungen stark variieren. Beispielsweise kann sich die Zeit in Momenten extremen Bewusstseins oder gesteigerter Emotionen zu dehnen oder zu stauchen scheinen. Umgekehrt kann die Zeit bei alltäglichen oder monotonen Aktivitäten scheinbar endlos vergehen.

Diese Variabilität der Zeitwahrnehmung deutet darauf hin, dass der Geist eine entscheidende Rolle bei der Gestaltung unseres Zeitempfindens spielt. Könnte dieser Einfluss über die bloße Wahrnehmung hinausgehen und es dem Geist ermöglichen, den Lauf der Zeit selbst unmittelbar zu beeinflussen? Manche vermuten, dass die veränderten Konzentrationszustände, die während der Meditation, in tiefen Trancezuständen oder vielleicht in Nahtoderfahrungen erlebt werden, auch Einblicke in die Manipulation der Zeit bieten und es dem Geist ermöglichen, über die Linearität der konventionellen Zeit hinauszugehen.

Was wäre, wenn der Geist durch die Zeit reisen könnte, ohne dass körperliche Bewegung oder Zeit nötig wären? Das Konzept der mentalen Zeitreise wurde in zahlreichen religiösen Traditionen und philosophischen Diskussionen erforscht. Beispielsweise zeigt das Konzept der „Astralprojektion", dass das Bewusstsein den Körper verlassen und andere Lebenszustände erkunden kann, darunter vergangene und zukünftige Ereignisse. In diesen veränderten Zuständen erhalten Praktizierende angeblich Zugang zu Erinnerungen, Visionen und Erkenntnissen, die die alltäglichen Grenzen von Raum und Zeit überschreiten.

Obwohl es keine empirischen Beweise für die Existenz solcher Phänomene gibt, sind die subjektiven Aufzeichnungen von Personen, die solche Erfahrungen dokumentieren, faszinierend. Könnten diese Berichte Einblicke in mögliche Zeitlinien oder vielleicht in vergangene Leben geben? Oder, wie einige vermuten, könnten sie der Weg des Geistes sein, eine tiefere Ebene der Realität zu erreichen – eine, in der die Zeit nicht immer durch lineare Zwänge bestimmt ist?

Das Potenzial einer intellektuellen Zeitreise liegt möglicherweise nicht darin, sich tatsächlich körperlich durch die Zeit zu bewegen, sondern darin, die eigene Wahrnehmung von Zeit zu verändern. Durch die Erweiterung oder Verkürzung der Art und Weise, wie der Geist zeitliche Informationen verarbeitet, könnte es möglich sein, Vergangenheit, Gegenwart und Zukunft auf eine Weise zu erleben, die die Grenzen der konventionellen Zeit überschreitet.

Aus neurologischer Sicht stellt die Möglichkeit mentaler Zeitreisen ein einzigartiges Unterfangen dar. Unser Verständnis der zeitbezogenen Mechanismen des Gehirns hat sich weit entwickelt, doch vieles ist noch unbekannt. Neurowissenschaftler haben Hirnareale, darunter den Hippocampus, identifiziert, die eine wichtige Rolle bei der Erinnerung und der Zeitverarbeitung spielen. Der Hippocampus ermöglicht es uns, mentale Karten vergangener Ereignisse zu erstellen und uns durch das Speichern und Abrufen von Erinnerungen im Lauf der Zeit zu navigieren.

Einige Wissenschaftler spekulieren, dass das Gehirn unter bestimmten Umständen in der Lage ist, das System der Zeitwahrnehmung zu „hacken", sodass Menschen Zeit nichtlinear erfahren können. Ob dies durch fortgeschrittene Meditationstechniken, den Einsatz psychoaktiver Substanzen oder die Verbesserung kognitiver Fähigkeiten möglich ist, bleibt Gegenstand umfangreicher Spekulationen.

Die Möglichkeit von Zeitreisen, insbesondere mentalen Zeitreisen, bleibt weiterhin Theorie und Hypothese. Die moderne Physik zeigt zwar, dass die Zeit weitaus komplexer und formbarer ist, als wir einst dachten, doch die praktische Anwendung dieser Theorien liegt noch in weiter Ferne. Das menschliche Gehirn ist jedoch ein mächtiges Werkzeug, und seine Fähigkeit, die Zeit durch Konzentration zu steuern, könnte den Schlüssel zur Entschlüsselung eines der tiefsten Geheimnisse des Lebens enthalten.

Da sich unser Wissen über das Gehirn, die Quantenmechanik und die Natur der Wahrnehmung stetig weiterentwickelt, ist es möglich, dass wir eines Tages die Mechanismen entdecken, die es dem Denken ermöglichen, die Grenzen der linearen Zeit zu überschreiten. Ob dies zu einem tieferen Verständnis der Realität selbst führt oder die Tür zu tatsächlichen Zeitreisen öffnet, bleibt abzuwarten.

5.2 Kann das Bewusstsein auf die Vergangenheit und die Zukunft zugreifen?

Die Idee einer Zeitreise beflügelt seit Jahrhunderten die menschliche Vorstellungskraft. Doch die Möglichkeit, ins Jenseits und ins Schicksal zu gelangen, geht über traditionelle Vorstellungen physischer Zeitreisen hinaus. Vielmehr liegt der

Fokus hier auf der Fähigkeit des Geistes, die Zeit zu durchqueren – das Jenseits erneut zu besuchen, einen Blick auf das Schicksal zu erhaschen oder vielleicht an einem nichtlinearen Fluss zeitlicher Ereignisse zu schwelgen. Diese Idee stellt unser traditionelles Verständnis von Zeit und Erkenntnis in Frage und überwindet die Grenzen unserer intellektuellen Fähigkeiten und unserer Annäherung an die Realität.

Im Alltag empfinden Menschen die Zeit als linearen Fluss: Die Vergangenheit liegt hinter uns, die Gegenwart ist jetzt und die Zukunft wartet. Diese Zeitwahrnehmung entspricht der Art und Weise, wie unser Gehirn Informationen verarbeitet – sequentiell und kategorisch. Doch Theorien der Physik, insbesondere der Quantenmechanik, legen nahe, dass die Zeit möglicherweise nicht so starr ist, wie sie scheint. Ereignisse in Vergangenheit und Zukunft sind nicht in Stein gemeißelt, sondern existieren in parallelen oder sich überlappenden Zuständen und warten darauf, abgerufen oder stimuliert zu werden.

Das Konzept, durch Konzentration auf Ereignisse jenseits oder Schicksal zuzugreifen, führt einen nichtlinearen Zeitrahmen ein, in dem die Gedanken zwischen diesen zeitlichen Barrieren hin- und herwandern. Aber kann sich die Aufmerksamkeit tatsächlich von der Linearität der Zeit lösen, oder ist unser Zeitverständnis tatsächlich ein intellektuelles Konstrukt, das an physische Lebensweisen gebunden ist?

Eine Möglichkeit zu verstehen, wie Bewusstsein Zugang zur Vergangenheit erlangen kann, ist die Funktion des Gedächtnisses. Das Gedächtnis ermöglicht es uns, vergangene Ereignisse zu speichern, abzurufen und zu rekonstruieren. Es bietet eine Form des zeitlichen Zugangs, der es uns ermöglicht, die Vergangenheit im gegenwärtigen Moment zu erleben. Auch wenn Erinnerungen wie eine Art „mentale Zeitreise" erscheinen, sind sie kein objektives oder direktes Erleben der Vergangenheit. Erinnerungen sind oft fragmentiert, verzerrt und subjektiv, was sie zu einem schlechten Ersatz für Echtzeitreisen macht. Einige argumentieren jedoch, dass das Erinnern vergangener Geschichten die Interaktion des Geistes mit dem zeitlichen Gefüge der Realität erfordert und vergangene Ereignisse in Form einer virtuellen oder mentalen Zeitreise nachspielt.

Die Vorstellung, dass das Gehirn möglicherweise ohne die Grenzen des Gedächtnisses auf die Vergangenheit zugreifen kann, hat ihre Wurzeln in Praktiken wie Hypnose, Regressionstherapie und tiefer Meditation. In diesen veränderten Zuständen behaupten Menschen, Zugang zu leuchtenden Berichten oder Ereignissen aus der Vergangenheit zu erhalten, oft in Bezug auf Erinnerungen aus früheren Leben oder Momente aus ihrer Vergangenheit. Obwohl solche

Behauptungen empirisch nicht bestätigt sind, deuten sie darauf hin, dass die Grenzen der zeitlichen Erfahrung möglicherweise nicht so starr sind, wie wir glauben.

Das Konzept, Zugang zum Schicksal zu erhalten, ist noch umstrittener, da es die Natur der Kausalität in Frage stellt. Wenn die Zukunft unbekannt und ungeschrieben ist, wie könnten die Gedanken sie dann verstehen? Trotz der medizinischen Skepsis gegenüber diesem Konzept gibt es zahlreiche Erfahrungsberichte von Personen, die präkognitive Ziele, Visionen oder Intuitionen erlebten, die zukünftige Ereignisse mit verblüffender Genauigkeit vorherzusagen scheinen.

In der Psychologie werden solche Beobachtungen oft als „Präkognition" oder „Vorhersage des Schicksals" bezeichnet. Während diese Ereignisse meist als bloße Zufälle oder als Ergebnis der Mustererkennung im Gehirn abgetan werden, argumentieren manche, Präkognition könne darauf zurückzuführen sein, dass das Gehirn auf eine Form nicht-lokaler Informationen zugreift, möglicherweise durch Quantenmethoden, die über die lineare Zeit hinausgehen. Könnte das Gehirn unbewusst auf Schicksalschancen zugreifen oder sogar in Zeitlinien von Veränderungen eingreifen? Diese Frage hat zu zahlreichen Untersuchungen zur Natur von Intuition, Voraussicht und Bauchgefühl geführt – all diese

Faktoren geben vermutlich Hinweise darauf, wie das Gehirn die Zukunft wahrnimmt.

Einige Theorien legen nahe, dass das Bewusstsein über den Quantenbereich auf Schicksalsfakten zugreifen kann, wo sich Aktivitäten nicht linear entfalten, sondern als Zufall oder Überlagerung verschiedener Konsequenzen auftreten. In dieser Sichtweise ist die Zukunft nicht vorherbestimmt, sondern besteht aus mehreren möglichen Möglichkeiten. Das Bewusstsein kann daher diese zukünftigen Möglichkeiten „spüren", ähnlich wie es in Quantensystemen mehrere mögliche Ergebnisse verarbeitet.

Die Quantenmechanik bietet einen spannenden Rahmen für das Verständnis, wie Bewusstsein über den klassischen Zeitablauf hinausgehen kann. Die Quantentheorie zeigt, dass Teilchen gleichzeitig in mehreren Zuständen existieren und erst bei genauer Betrachtung in einen einzigen Zustand zerfallen. Dieser „Wellenform-Zerfall" impliziert, dass alle möglichen Ergebnisse – Vergangenheit, Gegenwart und Zukunft – gleichzeitig als Möglichkeiten existieren. Einige Befürworter der Quantenaufmerksamkeit argumentieren, dass das Gehirn möglicherweise auch Zugriff auf diese verschiedenen möglichen Zeitlinien und Ergebnisse hat.

Diese Hypothese basiert auf dem Konzept der „Quantenverschränkung", bei der Teilchen so miteinander verbunden werden können, dass die Position eines Teilchens die Position des anderen beeinflusst, unabhängig von ihrer Entfernung. Könnte das Bewusstsein mithilfe von Quantentechniken diese verschränkten Zustände nutzen, um Zugang zur Vergangenheit oder Zukunft zu erhalten? Einige Theorien legen nahe, dass das Bewusstsein selbst mit der Materie der Realität verschränkt ist und dadurch Zugang zu einem breiteren Spektrum zeitlicher Möglichkeiten erhält.

Ein damit verbundener Schlüsselgedanke ist das Konzept der „Retrokausalität" – die Vorstellung, dass das Schicksal das Jenseits beeinflussen kann. Obwohl dies paradox erscheint, legen einige Interpretationen der Quantenmechanik nahe, dass Aktivitäten möglicherweise nicht streng an die Linearität der Zeit gebunden sind. Wenn Retrokausalität ein reales Phänomen ist, sollten die Gedanken theoretisch in der Lage sein, auf das Schicksal zuzugreifen und das Jenseits zu beeinflussen, wodurch die Grenze zwischen Vernunft und Wirkung verschwimmt.

Ein weiterer Weg, der dem Geist Zugang zu Jenseits- oder Schicksalsstudien verschaffen kann, sind tiefe Bewusstseinszustände, wie sie in Meditation, Trance oder veränderten Bewusstseinszuständen erreicht werden. Im Laufe der Geschichte haben verschiedene spirituelle und mystische Traditionen behauptet, dass Meditation Zugang zu unsterblichen Dimensionen bietet, in denen Jenseits und Schicksal untrennbar miteinander verbunden sind.

In diesen Zuständen dokumentieren Praktizierende regelmäßig anschauliche Studien zur „Zeitdilatation", bei der sich das normale Zeitgefühl zu vergrößern oder zu beruhigen scheint. In einigen Fällen behaupten Betroffene, Visionen oder Einblicke in Schicksalsereignisse oder über vergangene Leben gehabt zu haben. Obwohl diese Geschichten subjektiv und wissenschaftlich schwer zu verifizieren sind, werfen sie kritische Fragen zum Wesen der Konzentration und ihrer Beziehung zur Zeit auf. Wenn Zeit lediglich ein Konstrukt der Gedanken ist, könnten dann tiefe Bewusstseinszustände es dem Geist ermöglichen, die Grenzen der linearen Zeit zu überschreiten?

Die Vorstellung, dass Aufmerksamkeit Zugang zu Ereignissen jenseits und Zukunft erlangen kann, prägt die Grundlage unseres Wahrheitsverständnisses. Wenn Zeit tatsächlich ein mentaler Prozess ist – ein Aspekt der Konzentration selbst –, könnte es dem Geist möglich sein, sich von den Beschränkungen des jeweiligen Augenblicks zu lösen und sowohl in die Vergangenheit als auch in die Zukunft zu blicken. Dies bedeutet jedoch nicht, dass das Bewusstsein einfach wie eine Maschine durch die Zeit „reisen" kann. Vielmehr deutet es darauf hin, dass der Geist möglicherweise auch latente Fähigkeiten besitzt, die Zeit zu beherrschen oder zu überwinden und Erfahrungen zu verarbeiten, die sich konventionellen Vorstellungen von Zeitlichkeit widersetzen.

Fevzi H.

Mit dem fortschreitenden Verständnis von Gehirn, Konzentration und Quantenmechanik können wir eines Tages auch tiefere Einblicke in die Natur der Zeit und die Fähigkeit des Geistes gewinnen, darüber hinauszugehen. Ob durch veränderte Zustände, Quantenverschränkung oder noch zu erforschende Mechanismen – das Potenzial des Bewusstseins, Zugang zum Jenseits und zur Zukunft zu erhalten, bleibt eine der tiefgreifendsten und geheimnisvollsten Möglichkeiten in der Erforschung der Zeit selbst.

5. 3 Die neurologischen und psychologischen Dimensionen der Zeitreise

Zeitreisen werden zwar oft in die Science-Fiction verbannt, üben aber aus neurowissenschaftlicher und psychologischer Perspektive eine besondere Faszination aus. Könnten Gedanken ohne den Einsatz physischer Mechanismen die Grenzen der Zeit überschreiten? Obwohl die Idee der Zeitreise noch immer spekulativ ist, gibt es faszinierende psychologische und neurologische Phänomene, die Elemente dessen zu ähneln scheinen, was wir als „Zeitreisen" in Erinnerung haben.

Um die Möglichkeit von Zeitreisen durch das Gehirn zu verstehen, ist es wichtig, zunächst zu untersuchen, wie das Gehirn Zeit verarbeitet. Das Erleben von Zeit ist nicht immer ein passives Spiegelbild der Außenwelt, sondern ein aktiver, dynamischer Prozess, der im Gehirn entsteht. Dieser Prozess umfasst das Zusammenwirken mehrerer Gehirnbereiche, um unser Gefühl zeitlicher Übereinstimmung zu erzeugen. Die Fähigkeit des Gehirns, Zeit zu verarbeiten, umfasst komplexe Netzwerke, darunter den präfrontalen Kortex, den Parietallappen und die Basalganglien.

Eine Schlüsselstruktur in diesem Prozess ist der Nucleus suprachiasmaticus (SCN) im Hypothalamus, der für die Regulierung des zirkadianen Rhythmus des Körpers – der inneren biologischen Uhr – verantwortlich ist. Der SCN ermöglicht die Koordination von Schlaf-Wach-Zyklen, Hormonschwankungen und anderen physiologischen Prozessen mit der äußeren Umgebung. Das Zeitempfinden ist in vielerlei Hinsicht ein Ergebnis des Versuchs des Gehirns, seine inneren Uhren mit der Außenwelt zu synchronisieren. Die Fähigkeit des Gehirns, den Lauf der Zeit zu verfolgen, wird auch durch sensorische Wahrnehmung, Aufmerksamkeit und Gedächtnis gefördert.

Doch was passiert, wenn diese Strukturen verändert oder gestört werden? Gibt es Momente, in denen der Geist die Zeit potenziell „verzerren" sollte, um eine Art Zeitreise – vorwärts oder rückwärts – zu ermöglichen? Dieses Konzept wird anhand veränderter Bewusstseinszustände, dissoziativer Erfahrungen und neurologischer Situationen untersucht, die das Zeitgefühl beeinflussen können.

Im Laufe der Geschichte haben Kulturen und Menschen veränderte Aufmerksamkeitszustände erforscht, von tiefer Meditation bis hin zu psychedelischen Erlebnissen, die regelmäßig dramatische Veränderungen der Zeitwahrnehmung hervorrufen. In diesen Zuständen kann sich die Zeit so anfühlen, als würde sie sich dehnen, stauchen oder sogar an Bedeutung verlieren. Viele Menschen berichten von einem Gefühl, außerhalb der Zeit zu sein, in dem Jenseits, Gegenwart und Zukunft miteinander verschmelzen. Diese Geschichten haben einige zu der Hypothese geführt, dass das Gehirn in der Lage sein könnte, Zeit auf eine Weise wahrzunehmen, die über den konventionellen Fluss hinausgeht.

Psychedelische Substanzen wie LSD, Psilocybin und DMT können tiefgreifende Veränderungen des Zeitempfindens auslösen. Konsumenten dieser Substanzen beschreiben beispielsweise häufig das Gefühl, die Zeit sei entweder „angehalten" oder „beschleunigt", und einige berichten sogar, Ereignisse aus ihrer Vergangenheit so zu erleben, als würden sie sie noch einmal erleben. In schweren Fällen berichten Betroffene von „Schicksals"-Erfahrungen oder gewinnen plötzliche Einsichten in Ereignisse, die noch nicht stattgefunden haben. Dieses Phänomen hinterfragt unser Zeitverständnis als streng lineare Erfahrung und zeigt, dass das Gehirn unter bestimmten Bedingungen auch über die traditionellen Grenzen der Zeit hinausgehen kann.

Aber sind diese Studien rein subjektiv oder stellen sie eine tatsächliche neurologische Neukonfiguration der Zeitwahrnehmung des Gehirns dar? Eine Theorie besagt, dass Psychedelika und andere bewusstseinsverändernde Substanzen eine Störung der neuronalen Netzwerke des Gehirns bewirken – der Nervenbahnen, die für die Verarbeitung sensorischer Daten, die Erhaltung des Selbstgefühls und die Konstruktion des Zeiterlebens verantwortlich sind. Indem sie die Aufmerksamkeit des Gehirns auf diese Bereiche lenken, können diese Substanzen auch eine vorübergehende Lockerung der Zeitgrenzen ermöglichen und so die Illusion oder sogar das Gefühl einer Zeitreise hervorrufen.

Eine weitere Möglichkeit, wie das Gehirn eine „Zeitreise" simulieren kann, ist die Fähigkeit, vergangene Ereignisse abzurufen und zukünftige zu planen. Das Gedächtnis, insbesondere das episodische Reminiszenz, ermöglicht es Menschen, vergangene Erlebnisse so wiederzuerleben, als würden sie in der Gegenwart stattfinden. Reminiszenz ist jedoch nicht immer ein gutes Aufzeichnungsinstrument. Sie ist eine lebendige Rekonstruktion, die anfällig für Verzerrungen und Veränderungen ist. Manchmal können Erinnerungen so lebendig sein, dass sie die Illusion einer Zeitreise vermitteln . Dieses Phänomen ist besonders deutlich bei Blitzlicht-Erinnerungen zu beobachten, die sehr präzise und emotional aufgeladene Erinnerungen an bestimmte Ereignisse sein können.

Die Fähigkeit des Gehirns, in die Zukunft zu blicken, ist ebenso faszinierend. Das prospektive Gedächtnis ist das mentale System, das es Menschen ermöglicht, zukünftige Wünsche vorherzusehen und kommende Ereignisse zu planen. Diese Fähigkeit kann jedoch manchmal in etwas münden, das als „Präkognition" erscheint – das Gefühl, etwas zu wissen, bevor es geschieht. Obwohl es keine schlüssigen Beweise dafür gibt, dass das Gehirn das Schicksal tatsächlich „sehen" kann, berichten viele Menschen von Fällen, in denen sie starke intuitive Gefühle oder Träume hatten, die sich später als richtig erwiesen. Dieses Erlebnis fühlt sich oft wie eine „Zeitreise" in die Zukunft an, obwohl es lediglich das Ergebnis unbewusster Mustererkennung oder der Fähigkeit des Gehirns sein könnte, zukünftige Situationen basierend auf vorhandenen Daten zu simulieren.

Auch bestimmte neurologische Erkrankungen und Probleme können die Zeitwahrnehmung beeinflussen. Dyschronometrie beispielsweise ist eine Erkrankung, die häufig mit einer Schädigung des Kleinhirns einhergeht und bei der Betroffene Schwierigkeiten haben, den Lauf der Zeit einzuschätzen. Diese Erkrankung kann dazu führen, dass die Zeit entweder „verlangsamt" oder „beschleunigt" erscheint, ähnlich wie die veränderte Zeitwahrnehmung unter psychotropem Einfluss. Ebenso können Erkrankungen wie das Alien-Hand-Syndrom und Hemispatial-Overhead die Fähigkeit des Gehirns beeinträchtigen, zeitbezogene Informationen zu integrieren, was möglicherweise zu einer verzerrten Wahrnehmung der zeitlichen Kontinuität führt.

In einigen Fällen berichteten Patienten mit Hirnverletzungen oder neurologischen Störungen von Zeitschleifen oder fragmentierten Zeitwahrnehmungen, in denen sie Momente immer wieder durchlebten oder die Fähigkeit verloren, zwischen Vergangenheit und Gegenwart zu unterscheiden. Diese neurologischen Phänomene deuten darauf hin, dass das Zeitempfinden des Gehirns formbarer ist als bisher angenommen und dass die Grenzen der Zeit unter bestimmten Umständen „durchbrochen" werden können.

Über die neurologischen Aspekte von Zeitreisen hinaus begeistern mentale Erlebnisse wie Déjà-vu, Präkognitionen und Zeitsprünge seit Jahren Forscher und die Öffentlichkeit. Déjà-vu, das Gefühl, etwas schon einmal erlebt zu haben, wird oft als vorübergehende Störung im Gedächtnissystem des Gehirns angesehen. Es tritt auf, wenn das Gehirn auf eine vertraute Situation trifft und ein Gefühl der Wiedererkennung auslöst, das den Effekt der Wiederholung hervorruft. Obwohl Déjà-vu keine Zeitreise im eigentlichen Sinne ist, stellt es ein psychologisches Phänomen dar, bei dem das Gehirn einen

Moment aus der Vergangenheit zu erreichen oder zu „erneut zu erleben" scheint.

Präkognition – die Fähigkeit, Schicksalsereignisse zu „spüren" oder zu „verstehen", bevor sie eintreten – wird oft als Anomalie oder psychologische Eigenart angesehen. Es besteht jedoch ein wachsendes Interesse an der Erforschung der Fähigkeit bestimmter Menschen, Schicksalsereignisse zu antizipieren. Dieses Phänomen kann mit der Fähigkeit des Gehirns zur Mustererkennung zusammenhängen, die es ihm ermöglicht, subtile Hinweise zu erkennen, die andere möglicherweise übersehen. In einigen Fällen sind präkognitive Beobachtungen wahrscheinlich darauf zurückzuführen, dass das Gehirn auf unterbewusstes Wissen oder Muster zugreift, die auf Schicksalsereignisse hinweisen.

Ein weiteres mentales Erlebnis, das sogenannte „Zeitgleiten", beschreibt Situationen, in denen Menschen das Gefühl haben, aus dem gegenwärtigen Moment in eine andere Welt „hineingerutscht" zu sein. Manche Menschen berichten von eindrücklichen Erlebnissen, in die Welt oder die Zukunft entführt worden zu sein und dort mit historischen oder futuristischen Umgebungen zu interagieren. Diese Erfahrungen werden oft als äußerst realistisch und überzeugend beschrieben und werfen interessante Fragen zur Fähigkeit des Gehirns auf, über den traditionellen Zeitablauf hinauszugehen.

Trotz der oben beschriebenen faszinierenden Phänomene ist das Konzept einer buchstäblichen Zeitreise durch den Geist noch weitgehend spekulativ. Obwohl das Gehirn seine Wahrnehmung der Zeit verändern kann, bleibt unklar, ob der Geist die Zeit tatsächlich so „durchqueren" kann, dass eine Echtzeitreise möglich wäre. Unser Wissen über Zeit und Wahrnehmung steckt noch in den Kinderschuhen, und die Grenzen dieser Forschung sind noch nicht vollständig verstanden.

Die neurologischen und psychologischen Dimensionen von Zeitreisen lassen uns jedoch die Starrheit der Zeit überdenken. Wenn das Gehirn seine Wahrnehmung von Zeit verändern kann, sei es durch veränderte Bewusstseinszustände, Erinnerungsmanipulation oder kognitive Verzerrung, eröffnet dies die Möglichkeit, dass die Zeit doch nicht so starr ist, wie wir einst glaubten. Das Gehirn kann auch latente Fähigkeiten besitzen, Zugang zur Vergangenheit oder Zukunft zu erhalten oder zumindest die Zeit auf eine Weise zu genießen, die dem traditionellen Verständnis zu widersprechen scheint.

Während die Forschung zu Konzentration, Neuroplastizität und den zeitbezogenen Mechanismen des Gehirns weitergeht, werden wir vielleicht eines Tages neue Erkenntnisse gewinnen, die uns dabei helfen zu verstehen, ob eine echte mentale Zeitreise möglich ist und – wenn ja – wie

Fevzi H.

das Gehirn durch die fließende, dynamische Natur der Zeit selbst navigieren kann.

5.4 Träume und Halluzinationen: Sind sie alternative Zeiterfahrungen?

Die menschliche Zeiterfahrung ist oft formbarer als wir denken. Die größten Verzerrungen treten in veränderten Wahrnehmungszuständen sowie in Träumen und Halluzinationen auf. Während diese Phänomene üblicherweise als subjektive Erfahrungen ohne greifbare äußere Einflüsse verstanden werden, argumentieren manche, dass sie Einblicke in zufällige Zeitlinien oder nichtlineare Zeitabläufe ermöglichen könnten.

Träume, insbesondere helle und klare Träume, können ein Zeitgefühl erzeugen, das sich völlig unabhängig von unserem Wachzustand anfühlt. In Träumen verhält sich die Zeit oft ungleichmäßig – Momente können sich dehnen oder verdichten, und Aktivitäten, die sich scheinbar in Minuten abspielen, können sich anfühlen, als würden sie Stunden, Tage oder sogar Jahre dauern. Darüber hinaus erleben Menschen regelmäßig Träume, die sie scheinbar an verschiedene Orte in der Zukunft oder der Zukunft führen. Diese zeitliche Fluidität in der Traumwelt lässt manche fragen, ob Träume tatsächlich zufällige Gedankengänge sind oder eine tiefere, tiefere Interaktion mit der Zeit darstellen.

Traumstudien zeigen, dass das Gehirn im Schlaf die Zeit nichtlinear konstruiert. Der Verlust äußerer Reize und der Komfortzone des Gehirns während des Schlafs können zu einer Abkopplung von den Zwängen der linearen Zeit führen. Insbesondere luzides Träumen – bei dem sich der Träumende bewusst wird, dass er träumt – beinhaltet oft ein gesteigertes Gefühl der Kontrolle über die Erzählung und ermöglicht es dem Träumer, mehrere mögliche Zukunftsszenarien zu erkunden oder vergangene Ereignisse mit einer Tiefe wiederzuerleben, die sich wie eine Zeitreise anfühlen kann.

Eine Theorie besagt, dass das Gehirn während des Träumens, insbesondere während der REM-Schlafphase (Rapid Eye Movement), simulierte Umgebungen erzeugt, die möglicherweise mit unbewussten Erinnerungen, Träumen oder Ängsten verbunden sind. Diese Traumerlebnisse sind nicht an die Wahrnehmung der wachen Welt gebunden und können das Abspielen fragmentarischer Erinnerungen oder Fantasien ermöglichen, wodurch die Illusion einer Reise durch einzigartige Ereignisse entsteht. In gewisser Weise sind Träume nicht nur Reflexionen vergangener Ereignisse, sondern stellen auch mentale „Zeitreisen" in andere Welten oder die Zukunft des eigenen Lebens dar.

Halluzinationen, ob durch Drogen, Krankheiten oder intensive sensorische Deprivation verursacht, eröffnen einen weiteren spannenden Bereich, in dem die Zeit ihre traditionellen Grenzen zu verlieren scheint. Halluzinationen können in vielen Formen auftreten – visuell, auditiv oder sogar taktil –, doch ein häufiges Problem ist die Manipulation des Zeitempfindens. Beispielsweise berichten Personen unter dem Einfluss bestimmter Substanzen wie LSD, Psilocybin oder DMT häufig von dem Gefühl, die Zeit sei entweder stehen geblieben oder verstreiche exponentiell. Manche beschreiben das Erlebnis, als wären sie durch die Zeit gereist, vorwärts in die Zukunft oder rückwärts in die Vergangenheit.

Halluzinationen können die Grenze zwischen Realität und Fantasie verwischen. Eine Figur kann sich beispielsweise an ein Ereignis erinnern, das sie nicht körperlich erlebt hat, beispielsweise an einen Moment aus ihrer Kindheit oder eine ferne Erinnerung, die so real erscheint, dass sie wie eine Echtzeitreise wirkt. In extremen Fällen halluzinieren Menschen auch ganze Szenarien, die sich scheinbar erst in der Zukunft abspielen, oder sehen sogar Ereignisse voraus, denen sie später im realen Leben begegnen. Diese Erlebnisse haben oft einen zeitbezogenen Aspekt – sei es ein extremer Moment in der Vergangenheit, ein Ereignis in einer realen Welt oder die Vision einer möglichen Zukunft – und werfen daher Fragen nach der wahren Natur der Zeit auf.

Aus neurologischer Sicht werden Halluzinationen oft mit einer überaktiven sensorischen Verarbeitung im Gehirn oder Fehlinterpretationen von Eingaben in Verbindung gebracht.

Diese Verarbeitung kann jedoch auch tiefere Schichten des Gehirns – Gedächtnis, Kreativität und Instinkt – ansprechen und so zu Studien führen, die unsterblich wirken. Einige Forscher vermuten sogar, dass das Gehirn in diesen Zuständen vorübergehend neue Wege freigibt und so Studien ermöglicht, die über den traditionellen Zeitablauf hinausgehen.

Träume und Halluzinationen beinhalten häufig Elemente zeitlicher Verschiebung, bei denen Betroffene vergangene Ereignisse noch einmal erleben oder zukünftige Ereignisse erahnen. Bei beiden Phänomenen haben Menschen oft das Gefühl, körperlich oder geistig in eine andere Zeit zurückversetzt zu werden. Ein häufiges Beispiel ist das Déjà-vu-Erlebnis, das Gefühl, ein aktuelles Ereignis habe bereits in der Vergangenheit stattgefunden, als würde man einen Moment aus einer vergessenen Erinnerung „wiederholen". Ebenso berichten manche Menschen von Präkognition, bei der sie zukünftige Ereignisse „sehen" oder „erleben", bevor sie eintreten. Diese Berichte legen nahe, dass das Gehirn Zugriff auf Aufzeichnungen jenseits der linearen Zeit erhält, möglicherweise durch unbewusste Informationen oder die Fähigkeit des Gehirns, zukünftige Ergebnisse anhand moderner Muster vorherzusagen.

Halluzinationen, insbesondere im Zusammenhang mit schweren emotionalen Belastungen, können das Wiedererleben eines vergangenen Traumas oder einen psychischen Ausbruch in ein imaginäres Schicksal beinhalten. Beispielsweise können Betroffene bei einer posttraumatischen Belastungsstörung (PTBS) Flashbacks erleben, die sich anfühlen, als würden sie in die belastende Situation zurückversetzt und erleben sie noch einmal, als ob sie im gegenwärtigen Moment geschehen würde. Dieses Erlebnis des zeitlichen Wiedereinstiegs ist nicht auf anstrengende Aktivitäten beschränkt; Menschen mit Angststörungen können mental in imaginäre Zukunftsszenarien „reisen", oft mit einem Gefühl der Vorahnung oder Erwartung. Diese brillanten Szenarien können sich wie Einblicke in vergangene Zeitlinien anfühlen, wodurch die Grenze zwischen Echtzeit und subjektiver Erfahrung verschwimmt.

Obwohl Träume und Halluzinationen meist als Phänomene betrachtet werden, die im subjektiven Bewusstsein entstehen, werfen sie doch drängende Fragen zum Wesen der Zeit selbst auf. Sind sie tatsächlich die Art und Weise, wie das Gehirn Erinnerungen verarbeitet, oder stellen sie etwas Tiefergehendes dar – vielleicht eine angeborene Fähigkeit, die physischen Grenzen der Zeit zu überwinden? Das Erleben der Zeit in diesen Zuständen fühlt sich oft real an, obwohl wir es als eine Erfindung der inneren Prozesse des Gehirns wahrnehmen.

Einige Theoretiker vermuten, dass diese alternativen Zeiterfahrungen, wie Träume und Halluzinationen, eine Art intellektueller Zeitreise darstellen, die dem Geist Zugang zu

Jenseits- oder Schicksalsstudien ermöglicht, die nur in der Vorstellung existieren. Inwieweit diese Studien tatsächliche Zeitverschiebungen darstellen, bleibt jedoch ungewiss. Es ist möglich, dass der Geist „Zeitreisen" unternimmt, um realisierbare Zukünfte zu gestalten, Erfahrungen jenseits von Entscheidungen zu sammeln oder emotionale Zustände zu erforschen, die zwar an die Zeit gebunden sind, jedoch nicht unbedingt an den linearen Lauf der Zeit.

Das Konzept der Zeitreise im Bereich von Träumen und Halluzinationen legt nahe, dass Zeit viel formbarer ist, als wir oft annehmen. In diesen veränderten Zuständen kann das Gehirn vergangene Ereignisse entdecken, zukünftige Möglichkeiten wahrnehmen und die Zeit auf eine Weise lenken, die die konventionelle, wache Realität nicht zulässt. Obwohl diese Geschichten möglicherweise Produkte der kreativen und interpretativen Fähigkeiten des Gehirns sind, eröffnen sie dennoch faszinierende Möglichkeiten hinsichtlich der Schnittstelle von Bewusstsein und Zeit.

Wenn wir Wünsche und Halluzinationen als eine Art „alternative Zeiterfahrungen" betrachten, eröffnen wir die Möglichkeit, dass das menschliche Gehirn möglicherweise über latente Fähigkeiten verfügt, die Zeit auf eine Weise zu steuern, die die traditionellen Grenzen der Realität überschreitet. Ob diese Studien nun einen Einblick in andere Zeitdimensionen gewähren, Reflexionen des Unterbewusstseins sind oder etwas noch Tiefgründigeres darstellen, sie ermutigen uns, unser Verständnis von Zeit und Aufmerksamkeit zu überdenken.

5.5 Bewusstsein, Quantentunneln und die Möglichkeit der Zeitüberwindung

Die Quantenmechanik mit ihren eigentümlichen und kontraintuitiven Konzepten stellt unser grundlegendes Realitätsverständnis immer wieder auf die Probe. Eines der komplexesten Elemente der Quantenphysik ist das Konzept des Quantentunnelns, ein Phänomen, bei dem Teilchen angeblich Hindernisse durchdringen, die nach der klassischen Physik undurchdringlich sein sollten. Obwohl Quantentunneln im Kontext subatomarer Teilchen und ihres Verhaltens gut verstanden wird, sind die möglichen Zusammenhänge zwischen diesem Phänomen und dem menschlichen Denken, Bewusstsein und der Möglichkeit, die Zeit zu überwinden, alles andere als klar.

Quantentunneln ist im Kern ein Phänomen, bei dem Teilchen, einschließlich Elektronen, ein Verhalten zeigen, das die klassische Mechanik zu verletzen scheint. In der klassischen Physik gilt ein Teilchen, das auf eine zu hohe Barriere trifft, als zurückgeworfen. Im Quantenbereich besitzen Teilchen jedoch sowohl wellen- als auch partikelartige Eigenschaften. Nähert sich ein Teilchen einer Barriere, so erstreckt sich seine Welleneigenschaft – im Wesentlichen eine mathematische

Beschreibung seiner wahrscheinlichen Positionen – über die Barriere hinaus, wobei eine von Null verschiedene Wahrscheinlichkeit besteht, dass das Teilchen hindurchtunneln kann, selbst wenn die klassische Kraftbarriere unüberwindbar erscheint.

Dieses Prinzip ist die Inspiration zahlreicher Technologien, darunter Tunneldioden und Rastertunnelmikroskope, die den Tunneleffekt ausnutzen. Das wirklich Interessante am Quantentunneln sind jedoch seine Auswirkungen auf Zeit und Raum. Wenn Teilchen durch Grenzen tunneln können, was hindert dann das Bewusstsein selbst daran, die Beschränkungen der Zeit zweifelsohne zu umgehen oder verborgene geografische Regionen jenseits der konventionellen Realität zu erreichen?

Die Verbindung zwischen Quantenmechanik und Bewusstsein ist Gegenstand intensiver Debatten. Einige Forscher vertreten die Ansicht, dass Bewusstsein selbst ein Quantensystem sein könnte, und vertreten Theorien, die Konzepte wie Quantenkohärenz und Quantenverschränkung als grundlegende Komponenten der menschlichen Kognition betrachten. Der renommierte Physiker Roger Penrose entwickelte in Zusammenarbeit mit dem Neurowissenschaftler Stuart Hameroff die Theorie der orchestrierten objektiven Reduktion (Orch-OR). Diese besagt, dass Quanteneffekte in Mikrotubuli des Gehirns für bewusste Wahrnehmung verantwortlich sein könnten. Dieser Theorie zufolge könnte die Quanteninformationsverarbeitung im Zentrum subjektiver Erfahrung stehen, wobei Bewusstsein mit Phänomenen verbunden ist, die über die klassische Physik hinausgehen.

Wenn Bewusstsein tatsächlich ein Quantensystem ist, erhöht dies die Möglichkeit, dass das Gehirn mit Quantenfeldern interagieren kann, ohne durch die üblichen zeitlichen und räumlichen Beschränkungen eingeschränkt zu sein. So wie Quantentunneln es Teilchen ermöglicht, physikalische Grenzen zu überwinden, sollte das Gehirn im Quantenbereich Zugang zu einem breiteren, flüssigeren Verständnis von Zeit erhalten und so den traditionellen Fluss von Jenseits, Gegenwart und Zukunft überwinden können?

Eine der faszinierendsten Implikationen des Quantentunneleffekts in Bezug auf die Aufmerksamkeit ist die Vorstellung, dass das Denken die Linearität der Zeit überwinden kann. In der Quantenphysik wird Zeit nicht immer als fester, unveränderlicher Parameter betrachtet. Tatsächlich legen bestimmte Quantenmodelle nahe, dass die Zeit selbst unter bestimmten Bedingungen formbar sein könnte. Wenn die Wahrnehmung im Quantenbereich operiert, könnte sie möglicherweise Zugang zu nichtlinearen Zeiterfahrungen erhalten, ähnlich wie Quantenteilchen gleichzeitig in Überlagerungen verschiedener Zustände existieren können.

Die Möglichkeit, dass Bewusstsein die Zeit „umgeht" oder „tunnelt", könnte die Wahrnehmung nicht-naher Ereignisse ermöglichen. So wie Quantenpartikel über große Entfernungen hinweg verschränkt sein können, könnte das Bewusstsein selbst außerhalb der Grenzen der physischen Zeit funktionieren? Wenn das Gehirn Quantenprozesse anzapfen kann, könnte es Zeit als flüssigeres, vernetztes Phänomen wahrnehmen und möglicherweise Zugang zu einzigartigen Elementen der Vergangenheit oder Zukunft ermöglichen.

Obwohl diese Idee spekulativ und überraschend theoretisch bleibt, haben einige Wissenschaftler vorgeschlagen, dass Quantentunneln Phänomene ermöglichen könnte, die in der klassischen Physik unmöglich erscheinen. Könnte der Geist durch Quantentunneln kurzzeitig über einzigartige Momente in der Zeit „springen"? Die Implikationen dieser Theorie dürften unser Wissen über die potenziellen Fähigkeiten des Geistes und seine Beziehung zur Realität revolutionieren.

Das Konzept der Zeit selbst war Gegenstand intensiver Forschung in der theoretischen Physik. Albert Einsteins Relativitätstheorie begründete die Annahme, dass Zeit relativ ist und vom Bezugspunkt des Beobachters abhängt. In der Quantenmechanik ist Zeit noch schwerer fassbar. Die Gleichung, die Quantensysteme regelt, behandelt Zeit oft als eine Variable, die sich nicht ändern lässt, anstatt als eine Regelgröße, die die Abfolge von Ereignissen diktiert.

Fevzi H.

Eines der wichtigsten Zeitmodelle der Quantenmechanik ist die Blockuniversum-Theorie. Sie geht davon aus, dass Vergangenheit, Gegenwart und Zukunft als Teil eines vierdimensionalen Raumzeitblocks koexistieren. Nach diesem Modell ist der Lauf der Zeit eine Illusion – alles, was jemals geschehen ist oder jemals geschehen wird, existiert gleichzeitig innerhalb dieses Blocks. Wäre die Konzentration tatsächlich ein Quantenphänomen, hätte sie Zugriff auf diesen „Block" der Zeit und könnte ihn auf eine Weise erfahren, die über unsere normale Erfahrung des Zeitlaufs hinausgeht.

Andere Modelle, darunter geschlossene zeitartige Kurven (CTCs), legen nahe, dass die Zeit in sich selbst zurückläuft und so Pfade entstehen, die unterschiedliche Zeitpunkte verbinden. Theoretisch sollte Quantentunneleffekt bei der Navigation dieser Schleifen eine Rolle spielen und die Möglichkeit von Zeitreisen oder das Erleben von Zeit nicht als Einbahnstraße, sondern als formbare Struktur ermöglichen, die auf überraschende Weise durchquert werden kann.

Während die Annahme, dass Aufmerksamkeit Quantentunnelung und Zeit beeinflusst oder mit ihnen interagiert, noch weitgehend Spekulation ist, bietet die Erforschung des Quantenbewusstseins spannende Möglichkeiten für die Zukunft. Sollte sich endlich bestätigen, dass das Gehirn auf Quantenebene arbeitet, könnten die Auswirkungen auf die Zeit tiefgreifend sein. Das Bewusstsein sollte möglicherweise mit der gleichen Fluidität auf vergangene Erinnerungen zugreifen können, mit der Quantenpartikel gleichzeitig in mehreren Zuständen existieren, und könnte auch mit möglichen Zukünften interagieren, ähnlich dem Verhalten von Quantenpartikeln in Superposition.

Für alle, die sich für die Möglichkeit von Zeitreisen interessieren, eröffnet dieses Wissen über die Quantennatur der Wahrnehmung interessante Möglichkeiten. Wenn das Bewusstsein selbst mit Quantentechniken verknüpft wird, kann der Geist möglicherweise Zugang zu Zeitbereichen erhalten, die mit herkömmlichen Mitteln nicht direkt zugänglich sind. Obwohl die technologischen Grenzen dieses Konzepts enorm sind, ist das Potenzial der Quantenwahrnehmung, den linearen Zeitverlauf zu überwinden, eine Idee, die sowohl Physiker als auch Philosophen fasziniert hat.

Die Schnittstelle zwischen Wahrnehmung und Quantentunneln bleibt sowohl in der Neurowissenschaft als auch in der Quantenphysik ein faszinierendes und spekulatives Grenzgebiet. Obwohl die Theorie, dass Wahrnehmung die zeitlichen Grenzen der Zeit durch Quantentechniken durchbricht, noch lange nicht verifiziert ist, wirft sie entscheidende Fragen über die Natur der Zeit selbst und die potenziellen Fähigkeiten des menschlichen Geistes auf. Die Quantenmechanik stellt unser grundlegendes Wissen über die Wahrheit in Frage. Wenn Wahrnehmung in diesem atypischen

Fevzi H.

und unvorhersehbaren Bereich operiert, könnte sie den Schlüssel zu neuen Zeiterfahrungen enthalten, die über das alltägliche, lineare Verschwimmen von Jenseits, Gegenwart und Schicksal hinausgehen.

Obwohl vieles davon spekulativ bleibt, könnte die Fähigkeit der Konzentration, durch Quantenphänomene wie Tunneleffekte die Zeit zu überschreiten, letztendlich auch Einblicke in die persönlichen Fragen des Lebens liefern. Während sich unser Wissen über das Gehirn und die Quantenphysik weiterentwickelt, könnten die Grenzen zwischen Bewusstsein, Zeit und Realität zunehmend verschwimmen und neue Möglichkeiten eröffnen, die einst auf Science-Fiction beschränkt waren.

KAPITEL 6

Erfahrungen, die die Wahrnehmung der Zeit verändern

6.1 DMT, LSD und veränderte Bewusstseinszustände: Zeit anders wahrnehmen

Das menschliche Gehirn nimmt Zeit nicht mehr passiv als äußeres Phänomen wahr, sondern gestaltet aktiv unsere Wahrnehmung davon. Unter dem Einfluss wirksamer Psychedelika wie DMT (N,N-Dimethyltryptamin) und LSD (Lysergsäurediethylamid) kann sich dieser Konstruktionsprozess dramatisch verändern. Konsumenten berichten ständig von tiefgreifenden Veränderungen ihrer Zeitwahrnehmung – Momente dehnen sich zu Ewigkeiten, Sekunden verschwimmen zur Unendlichkeit, und in manchen Fällen scheint die Zeit ganz zu verschwinden. Diese Studien erweitern nicht nur unser Verständnis der zeitlichen Mechanismen des Gehirns, sondern auch die Natur der Zeit selbst.

DMT, oft als „Geistmolekül" bezeichnet, löst kurze, aber außergewöhnlich intensive psychedelische Erfahrungen aus. Während eines DMT-Trips berichten Konsumenten häufig von der Ankunft in jenseitigen geografischen Regionen, der Begegnung mit fühlenden Wesen oder der Wahrnehmung geometrisch komplexer Umgebungen – alles innerhalb weniger Minuten. Subjektiv können sich diese Erfahrungen jedoch so anfühlen, als würden sie Stunden oder sogar ein ganzes Leben andauern. Diese zeitliche Verzerrung deutet darauf hin, dass die Punktwahrnehmung eng mit der Tiefe und Dichte bewusster Erfahrungen verknüpft ist. Der schnelle Wirkungseintritt und die kurze Dauer von DMT, gepaart mit der extremen Komplexität der Visionen, führen dazu, dass Konsumenten die Erfahrungen oft als „außerhalb der Zeit" beschreiben.

LSD hingegen hat einen längeren und langsameren Wirkungsverlauf, der oft 8 bis 12 Stunden anhält. Unter LSD können die Grenzen zwischen Zukunft, Gegenwart und Schicksal fließend erscheinen. Manche Menschen berichten, gleichzeitig in mehreren Zeitmomenten präsent zu sein – Kindheitserinnerungen verschmelzen mit gegenwärtigen Empfindungen oder Zukunftserwartungen vermischen sich mit modernen Gedanken. Dieser Zusammenbruch der zeitlichen Linearität geht häufig mit einer gesteigerten emotionalen Erregung, Veränderungen der Sinneswahrnehmung und einem starken Gefühl der Verbundenheit einher. Aus neurowissenschaftlicher Sicht scheint LSD die Aufmerksamkeit auf das Default Mode Network (DMN) des Gehirns zu verringern, ein System, das mit selbstreferenzieller Wahrnehmung und der Wahrung zeitlicher Kontinuität verbunden ist. Durch die Dämpfung des DMN kann das Gehirn weniger in einem linearen Zeitempfinden verankert werden, wodurch eine expansivere oder fragmentiertere Wahrnehmung entstehen kann.

Fevzi H.

Das Phänomen der „Zeitdilatation" in veränderten Bewusstseinszuständen ist nicht spezifisch für Psychedelika. Viele Menschen, die extreme Meditation, sensorische Deprivation, Nahtoderfahrungen oder schwere emotionale Zustände durchmachen, berichten ebenfalls von ähnlichen Veränderungen der Zeitwahrnehmung. Was Psychedelika jedoch besonders faszinierend macht, ist ihre Fähigkeit, diese Zustände innerhalb eines kontrollierten Zeitrahmens und einer kontrollierten Dosierung zuverlässig auszulösen. Dies macht sie zu einem wirksamen Instrument zur Untersuchung der neuronalen und phänomenologischen Grundlagen des Zeitempfindens.

Forscher, die diese Materialien mit modernen bildgebenden Verfahren untersuchen, haben herausgefunden, wie sich diese veränderten Zustände auf das Gehirninteresse auswirken. Beispielsweise kommt es unter dem Einfluss von Psychedelika oft zu einem deutlichen Anstieg der neuronalen Entropie – einem Grad an Komplexität und Unberechenbarkeit des Gehirninteresses. Diese erhöhte Entropie trägt vermutlich zum Erleben von Zeitlosigkeit oder Zeitfragmentierung bei, indem sie die üblichen prädiktiven Kodierungsmechanismen des Gehirns stört. Einfacher ausgedrückt: Das Gehirn wird sich deutlich unsicherer darüber, was als Nächstes kommt, und verliert den Halt im Fluss der sequentiellen Zeit.

Darüber hinaus beinhalten psychedelische Geschichten oft ein Gefühl des „ewigen Jetzt" oder das Leben außerhalb der üblichen Zeitgrenzen. In einigen Fällen beschreiben Nutzer, wie sie in Bereiche eintreten, in denen die Zeit nicht mehr vergeht, sondern zu einer Landschaft wird – etwas, das man navigieren muss, anstatt zu vergehen. Andere sprechen davon, alle Momente ihres Lebens gleichzeitig zu erleben, als wäre die Zeit zu einem einzigen, hyperdimensionalen Moment zusammengefallen. Diese Beschreibungen sind nicht nur poetische Metaphern; sie spiegeln tiefgreifende kognitive Veränderungen in der Art und Weise wider, wie das Gehirn zeitliche Informationen unter dem Einfluss dieser Materialien organisiert und integriert.

Es ist wichtig, zwischen der biochemischen Wirkung dieser Substanzen und den subjektiven Erfahrungen, die sie hervorrufen, zu unterscheiden. DMT beispielsweise ist eine endogene Verbindung – sie kommt offensichtlich in geringen Mengen im menschlichen Körper vor, insbesondere in der Zirbeldrüse, ihre Funktion bleibt jedoch spekulativ. Einige Theorien legen nahe, dass endogenes DMT auch bei außergewöhnlichen Bewusstseinszuständen eine Rolle spielen könnte, beispielsweise bei Träumen, Geburt, Tod oder mystischen Erlebnissen, bei denen das Zeitempfinden häufig verändert wird.

Philosophisch gesehen werfen diese veränderten Zustände tiefgreifende Fragen auf: Ist Zeit eine wesentliche Eigenschaft des Universums oder lediglich ein kognitiver Prozess? Wenn Bewusstsein in Zuständen existieren kann, in denen Zeit nebensächlich wird, bedeutet das dann, dass unsere lineare Vorstellung von Zeit unvollständig ist? Können diese Studien Einblicke in verschiedene Arten zeitlicher Lebensweisen geben – oder handelt es sich dabei tatsächlich um Illusionen, die durch die neurochemische Maschinerie des Gehirns erzeugt werden?

Die Untersuchung von Psychedelika und verändertem Zeitempfinden beleuchtet nicht nur die Funktionsweise des menschlichen Gehirns – sie öffnet auch die Tür zu einer Neubewertung der Realität. Indem wir erforschen, wie Substanzen wie DMT und LSD unser gewöhnliches Zeitgefühl verzerren oder auflösen, sehen wir uns der Möglichkeit gegenüber, dass Zeit, wie wir sie kennen, nur einer von vielen Ansätzen sein kann, wie das Bewusstsein die Entfaltung des Lebens genießen kann.

6.2 Meditation und Trancezustände im Kontext der Zeit

Zeit, wie sie im normalen Bewusstsein erlebt wird, ist eine lineare Entwicklung von Aktivitäten – Vergangenheit fließt in Gegenwart, Gegenwart löst sich in Schicksal auf. Doch unter der Linse veränderter mentaler Zustände, wie tiefer Meditation und Trance, bricht dieser vertraute Rahmen häufig zusammen. Praktizierende fortgeschrittener Meditationsdisziplinen berichten seit langem, dass sich die Zeit in tiefen Bewusstseinszuständen oder in der Transzendenz zu dehnen, zu verlangsamen, sich zu wiederholen oder ganz zu verschwinden scheint. Diese abnormale Transformation ist nicht nur eine poetische Metapher – sie spiegelt tiefgreifende Veränderungen in der Architektur des Bewusstseins und den kognitiven Mechanismen wider, durch die wir den zeitlichen Fluss formen.

In den Traditionen des Buddhismus, Hinduismus und verschiedener Formen der Mystik wird der Zustand der „zeitlosen Erkenntnis" seit Jahrtausenden definiert. In buddhistischen Texten, insbesondere in den Theravāda- und Mahāyāna-Linien, werden Zustände erwähnt, in denen der Praktizierende die „ewige Gegenwart" intensiv wahrnimmt oder in eine sogenannte „zeitlose" Erkenntnis eintritt. Hinduistische Yoga-Texte, insbesondere im Advaita Vedanta und in Patanjalis Yoga-Sutras, sprechen von Kaivalya – einem Zustand reinen Bewusstseins jenseits von Zeit, Form und Dualität. In diesen Traditionen ist Zeit keine äußere Realität, sondern eine Projektion des Geistes, ein Schleier, der durch disziplinierte innere Arbeit gelüftet wird.

Aus neurowissenschaftlicher Sicht verändert Meditation grundsätzlich die Aktivität von Hirnregionen, die an der Zeitwahrnehmung beteiligt sind. Untersuchungen der funktionellen Magnetresonanztomographie (FMR) haben gezeigt, dass bei tiefer Meditation die Aktivität des posterioren cingulären Cortex, einem zentralen Knotenpunkt des Default Mode Network (DMN), reduziert ist – desselben Netzwerks, das für inneren Monolog, selbstreferenzielles Denken und die Abfolge autobiografischer Zeit verantwortlich ist. Ist dieses Netzwerk herunterreguliert, ist das Gehirn nicht daran interessiert, das Selbst in einer zeitlichen Bahn abzubilden, was das Gefühl verstärken kann, ganz im Geschenk oder sogar ganz außerhalb der Zeit zu sein.

Einer der am besten erforschten Meditationsstile in diesem Zusammenhang ist Achtsamkeit oder Vipassanā, bei dem Praktizierende ein wertfreies Bewusstsein für den jeweiligen Augenblick entwickeln. Berichte von Langzeitpraktikern zeigen immer wieder Veränderungen in der Zeitwahrnehmung: Sekunden fühlen sich wie Minuten an, oder ganze Meditationseinheiten vergehen wie im Flug. In höheren Meditationszuständen – den Jhānas im Theravāda-Buddhismus – kann das Zeitgefühl völlig verschwinden und durch grenzenlose Stille oder die Erfahrung reinen Seins ersetzt werden. Was diese veränderten Zustände vom alltäglichen Interesse unterscheidet, ist die radikale Veränderung in der Art und Weise, wie der Geist Kontinuität, Kausalität und Antizipation verarbeitet – allesamt Eigenschaften, die tief in unserer Zeitproduktion verwurzelt sind.

Trancezustände – ob durch rhythmisches Singen, Trommeln, Atemübungen oder repetitive Bewegungen ausgelöst – rufen zudem dramatische zeitliche Verzerrungen hervor. In schamanischen Praktiken indigener Kulturen wird Trance häufig als Tor zu Nationalstaaten jenseits der linearen Zeit genutzt. Der Trance-Praktizierende kann zudem auf Ahnengeister stoßen, ins Jenseits oder in Schicksalsrealitäten reisen oder in Zeitschleifen schwelgen, die sich dem gesunden Menschenverstand widersetzen. In solchen Zuständen bricht die narrative Kontinuität zusammen. Die Zeit wird nichtlinear, kreisförmig oder mosaikartig, wobei sich Momente gleichzeitig oder ungeordnet entfalten.

Die moderne Psychologie erforscht diese Zustände unter dem Stichwort des Schwebens (beschrieben von Mihaly Csikszentmihalyi), der Hypnose und der Absorption. Insbesondere Flow-Zustände sind Momente völligen Eintauchens in eine Aktivität, in denen die Zeit entweder deutlich beschleunigt oder verlangsamt vergeht. Künstler, Sportler und Wissenschaftler beschreiben häufig das Erreichen solcher Zustände während Höchstleistungen. In diesen Momenten denkt der Einzelne nicht ständig an die Zeit – er durchlebt eine Unmittelbarkeit, die die Uhr irrelevant macht.

Diese Momente sind zutiefst angenehm und werden oft als „unvergänglich" beschrieben.

Dieser Zusammenhang zwischen Zeitlosigkeit und Erfüllung zeigt, dass unser Zeitgefühl eng mit emotionalen und aufmerksamkeitsbezogenen Zuständen verknüpft ist. Wenn wir uns Sorgen machen oder auf etwas warten, zieht sich die Zeit in die Länge. Wenn wir vertieft oder in Frieden sind, vergeht die Zeit wie im Flug oder verschwindet sogar. Diese Beobachtung hat sowohl psychologische als auch spirituelle Dimensionen. Psychologisch deutet sie darauf hin, dass das Zeitempfinden durch Aufmerksamkeit, Erregung und emotionale Valenz moduliert wird. Spirituell deutet sie darauf hin, dass unser alltägliches Zeitgefühl möglicherweise aus einem rastlosen, fragmentierten Geist besteht – und dass Stille ein wichtigeres Substrat jenseits der Zeit offenbart.

In tiefen Trancezuständen – ob durch schamanische Rituale, Sufi-Wirbeln oder moderne Hypnotherapie erreicht – kann die Persönlichkeit zusätzlich eine sogenannte zeitliche Desintegration erfahren. In diesem Zustand verschwimmt der Unterschied zwischen „Jetzt" und „Damals". Erinnerungen können als lebendige Geschichten wieder auftauchen, und zukünftige Ereignisse können mit großer Klarheit visualisiert werden. Manche interpretieren diese als Regressionen in vergangene Leben oder Einblicke in zukünftige Selbste, obwohl sie aus systematischer Sicht als innovative

Neuzusammenstellung innerer Erzählungen durch das Gehirn außerhalb normaler zeitlicher Grenzen verstanden werden könnten.

Die Forschung zu Trance und Meditation entwickelt sich kontinuierlich weiter, insbesondere durch die Neurophänomenologie – ein Bereich, der subjektive Berichte aus der Ich-Perspektive mit neurowissenschaftlichen Daten aus der 33-Personen-Perspektive kombiniert. Diese Studien legen nahe, dass sich die allgemeinen Zeiterfassungssysteme des Gehirns beruhigen, wenn die Aufmerksamkeit stabilisiert und der sensorische Input reduziert wird. Regionen wie der Gyrus supramarginalis und die supplementär-motorische Region, die an der Sequenzierung und Zeiteinschätzung beteiligt sind, zeigen eine verminderte Aktivität. Gleichzeitig erweisen sich Bereiche, die mit innerer Bildsprache und emotionaler Salienz verbunden sind, als aktiver. Diese Entwicklung könnte erklären, warum Meditierende und Trance-Praktizierende häufig unsterbliche Zustände voller Bedeutung und archetypischer Bilder beschreiben.

Ein besonders faszinierendes Element dieser Praktiken ist die Erfahrung der Ewigkeit – nicht als unendliche Zeitspanne, sondern als Zustand vergangener Zeit. In den magischen Traditionen des Christentums, Judentums (Kabbala), Islams (Sufismus) und östlicher Philosophien wird Ewigkeit nicht als etwas definiert, das ewig währt, sondern als etwas, das alle Zeit unmittelbar umfasst. In diesen Zuständen kann der Praktizierende das Gefühl haben, mit dem Göttlichen in Berührung zu kommen, mit der alltäglichen Wahrheit zu kommunizieren oder das Gefüge der Existenz selbst zu erleben. Solche Geschichten können die Weltanschauung nachhaltig verändern, die Angst vor dem Sterben verringern, Mitgefühl fördern und einen Sinn für Teamgeist in allen Belangen vermitteln.

Zusammenfassend lässt sich sagen, dass Meditation und Trance nicht nur Strategien zur Entspannung oder Stressbewältigung sind – sie sind Portale in andere zeitliche Realitäten. Sie offenbaren die Plastizität der Zeit, wie sie durch Wahrnehmung erfahren wird, und legen nahe, dass unsere alltägliche Wahrnehmung nur ein Modus unter vielen ist. Zwar können wissenschaftliche Untersuchungen Veränderungen der Gehirnströme, der Konnektivität und der regionalen Aktivierung messen, doch die subjektive Realität dieser Geschichten – des Abdriftens aus der Zeit, des Verweilens in einem grenzenlosen Jetzt – bleibt unbeschreiblich.

Die Auswirkungen dieser veränderten Zeitzustände gehen über Psychologie und Neurowissenschaft hinaus. Sie zwingen uns, metaphysische Fragen zu stellen: Ist Zeit eine Illusion? Liegt unserer Wahrheit eine tiefere, zeitlose Dimension zugrunde? Kann Erkenntnis unabhängig von der

Zeit existieren? Und was bedeutet das dann für unser Wissen über uns selbst, unseren Tod und den Charakter des Lebens?

Klar ist vorerst, dass der Geist kein passiver Beobachter der Zeit ist – er ist vielmehr Mitgestalter. Und durch Praktiken wie Meditation und Trance können wir uns kurzzeitig von den Fesseln der linearen Zeit lösen und einen Blick auf etwas viel Geheimnisvolleres erhaschen: die tiefe, ewige Stille, aus der die Zeit selbst entsteht.

6.3 Nahtoderfahrungen und Zeitwahrnehmung: Ist das Gefühl der Ewigkeit real?

Zeit ist die stille Architektur, auf der sich unsere Realität entfaltet und Erinnerungen, Erwartungen und die Erzählung des Selbst prägt. Doch in den Schwellenmomenten zwischen Leben und Tod – jenen mysteriösen Episoden, die als Nahtoderfahrungen (NDEs) bezeichnet werden – bricht die Zeit oft, dehnt sich, löst sich auf oder wird durch ein Gefühl unendlicher Stille ersetzt. Über Kulturen, Jahrzehnte und Wahrnehmungssysteme hinweg beschreiben unzählige Menschen, die dem Tod nahe waren, eine surreale und tiefgreifende Transformation in ihrem Zeiterleben. Ein Moment wird zu einem Leben. Ein Leben wird zu einer einzigen Sache. Und viele kehren mit einem gemeinsamen Gefühl zurück: Sie haben die Ewigkeit erlebt.

Was ist diese gefühlte Ewigkeit? Ist sie eine Erfindung des toten Gehirns, ein finaler neurochemischer Ausbruch von Illusionen? Oder weist sie auf etwas Grundlegenderes hin – etwas Reales, das jedoch durch unsere normalen Bewusstseinszustände verdeckt wird? Das Erleben der Zeit während Nahtoderfahrungen wirft Fragen auf, die bis ins Herz der Neurowissenschaft, Physik, Philosophie und Spiritualität vordringen.

Zunächst müssen wir die Phänomenologie der Nahtoderfahrung verstehen. Obwohl jede Nahtoderfahrung zutiefst persönlich und individuell ist, gibt es in vielen Geschichten gemeinsame Motive: ein Gefühl der Loslösung vom Rahmen, ein umfassender Lebensrückblick, die Gegenwart von strahlendem Licht, überwältigendem Frieden, Begegnungen mit verstorbenen Angehörigen oder höheren Wesen und eine Grenze, die man nicht überschreiten kann. Eines der auffälligsten und häufigsten Merkmale ist jedoch eine tiefgreifende Veränderung der Zeitwahrnehmung.

Viele Überlebende von Nahtoderfahrungen berichten, dass die Zeit stehen geblieben sei oder sie „die ganze Zeit auf einmal" erlebt hätten. Manche beschreiben, jeden Moment ihres Lebens gleichzeitig wiederzuerleben, während andere sagen, sie hätten in einer Welt gelebt, in der Zeit keinerlei Bedeutung hatte. Diese Beschreibungen enthalten häufig Aussagen wie: „Es fühlte sich an, als wäre ich für immer dort gewesen" oder: „Es gab kein Jenseits, keine Zukunft, kein Geschenk – nur jetzt." In manchen Fällen entspricht ein kurzer Herzstillstand von nur wenigen Minuten einer subjektiven Erfahrung, die sich scheinbar endlos hinzog. Das Paradoxon ist groß: Wie kann ein Gehirn, dem nur Sekunden lang Sauerstoff entzogen ist, das Gefühl der Ewigkeit hervorrufen?

Aus neurobiologischer Sicht ist die Zeitverarbeitung im Gehirn komplex und uneinheitlich. Regionen wie der präfrontale Kortex, die Basalganglien, das Kleinhirn und die Parietallappen tragen zur Zeitmessung und zeitlichen Integration bei. Bei Traumata, Hypoxie oder kritischem Stress werden diese Strukturen erheblich gestört. Es wird vermutet, dass es bei starkem physiologischen Stress – beispielsweise bei Herzstillstand oder starkem Blutverlust – zusätzlich zu einer massiven Freisetzung von endogenem DMT (Dimethyltryptamin) im Gehirn kommen kann, einer starken psychedelischen Substanz, die natürlicherweise in geringen Mengen im menschlichen Körper vorkommt. Es wird angenommen, dass DMT die Zeitwahrnehmung erheblich verzerrt und bei Konsumenten oft ein Gefühl von Zeitlosigkeit oder ewiger Präsenz hervorruft.

Betrachtet man Nahtoderfahrungen aus neurowissenschaftlicher Perspektive, deutet diese Theorie darauf hin, dass das veränderte Zeiterlebnis auf eine intensive neurochemische Aktivität zurückzuführen ist, wahrscheinlich auf einen letzten Schub der Gehirnfunktion bei sinkendem Sauerstoffgehalt. Die Lebendigkeit, Kohärenz und anhaltende emotionale Wirkung von Nahtoderfahrungen werfen jedoch Fragen auf, die diese Erklärung stützen. Viele Menschen, die eine Nahtoderfahrung erleben, erinnern sich nicht nur an eine seltsame, traumähnliche Halluzination – sie beschreiben sie als das Realste, was sie je erlebt haben. Die zeitliche Qualität dieser „Realität" unterscheidet sich grundlegend vom Wachleben – sie ist dicht, aber dennoch ewig.

Philosophisch stellt dies eine Herausforderung dar: Wenn sich subjektive Zeit ohne lineare Entwicklung ewig anfühlen kann, was sagt das über die Zeit selbst aus? Ist Zeit eine objektive Dimension, durch die wir reisen, oder ist sie ein psychologisches Konstrukt, das vom Bewusstsein geschaffen wird, um dem Erleben Ordnung zu verleihen? Nahtoderfahrungen scheinen Letzteres zu belegen – dass die Zeit, zumindest soweit wir sie wahrnehmen, eng mit den Mechanismen der verkörperten Wahrnehmung verbunden ist. Wenn diese Mechanismen ins Wanken geraten oder zerfallen, entsteht etwas anderes: eine Ebene des Geistes, die nicht mehr an den zeitlichen Fluss gebunden ist.

Einige Theoretiker gehen davon aus, dass Bewusstsein auf mehreren Ebenen existiert, wobei das ego-gebundene, zeitlich lineare Selbst lediglich eine Ebene darstellt. Darunter oder darüber hinaus liegt ein zeitloses Zentrum – das, was manche den reinen Beobachter, das kosmische Bewusstsein oder die üblichen Gedanken nennen. Nahtodzustände können durch die Entfernung des natürlichen Inputs des Körpers und die Störung der Ego-Systeme zusätzlich die Erkenntnis ermöglichen, diesen tieferen, zeitlosen Bereich zu berühren. Das Endergebnis ist nicht nur eine Verzerrung der Zeit, sondern ein vorübergehender Ausbruch daraus.

Religiöse und spirituelle Traditionen aus aller Welt beschreiben das Jenseits als einen Bereich jenseits der Zeit. In der christlichen Mystik wird der Himmel oft als ein Ort ewigen Lichts und Friedens beschrieben, der nicht an die Uhr gebunden ist. In der islamischen Eschatologie ist das Barzakh – ein Bereich zwischen Tod und Auferstehung – zeitlos. Hinduistische und buddhistische Philosophien beschreiben Moksha und Nirvana als Zustände jenseits von Zeit und Raum. Dass so viele Kulturen das Ende des Lebens mit einem Erlebnis jenseits der Zeit verbinden, deutet darauf hin, dass diese Wahrnehmungen nicht bloße Zufälle der menschlichen Neurologie sind, sondern auch etwas Archetypisches, ja sogar Ontologisches widerspiegeln könnten.

Könnte dieses Erleben der Ewigkeit während Nahtoderfahrungen eine wahre Dimension der Realität erschließen – einen Bereich, der parallel zu unserem physischen Universum existiert, in dem Zeit nicht immer sequentiell, sondern holografisch ist? Einige Physiker, insbesondere diejenigen, die Theorien des Blockuniversums oder des Eternalismus erforschen, argumentieren, dass Vergangenheit, Gegenwart und Zukunft koexistieren. In dieser Sichtweise „fließt" die Zeit nicht, sondern ist eine feste Form, die das Bewusstsein durchläuft. Wenn dem so ist, wäre das Gefühl, dass während einer Nahtoderfahrung alle Zeit gleichzeitig auftritt, keine Fabel, sondern Wahrnehmung – ein seltener Einblick in die wahre Natur der Zeit, ungefiltert durch die normale lineare Verarbeitung des Gehirns.

Einer der geheimnisvollsten Aspekte der NTE-Zeitwahrnehmung ist die Lebensrückschau – ein lebendiges Wiedererleben des eigenen Lebens. Überlebende beschreiben es oft nicht als eine Abfolge von Erinnerungen, sondern als ein vollständiges Eintauchen in alle Momente gleichzeitig. Sie erfahren, was andere aufgrund ihrer Handlungen empfanden. Sie erleben Momente aus der Perspektive von sich selbst und anderen. Die zeitlichen Grenzen lösen sich auf und werden durch eine Harmonie der Erfahrung ersetzt. Es ist, als ob die Seele ihre gesamte Geschichte in einem einzigen, zeitlosen Blick betrachtet. Wie kann dies in Sekundenschnelle geschehen? Dies impliziert wiederum, dass das Gehirn unter diesen Bedingungen keine Erfahrungen im Einklang mit der normalen Zeit aufbaut. Das Bewusstsein, möglicherweise vorübergehend körperlos, funktioniert nichtlinear.

Psychologische Studien zu Nahtoderfahrungen zeigen, dass diese Geschichten oft tiefgreifende Veränderungen im Leben bewirken – eine geringere Angst vor dem Tod, gesteigerten Altruismus, einen Wertewandel und ein anhaltendes Vertrauen in die Kontinuität der Aufmerksamkeit. Viele Nahtoderfahrungen betrachten die Zeit nicht mehr als etwas, das man fürchten oder kontrollieren muss. Sie beschreiben das Leben als einen Traum innerhalb einer höheren Realität und vertreten die Ansicht, dass unsere Fixierung auf den Lauf der Zeit uns an Leid und Illusionen bindet.

In diesem Sinne könnte das Gefühl der Ewigkeit realer sein als die zeitgebundene Erfahrung, die wir als gewöhnliches Leben bezeichnen. Es könnte eine tiefere Nähe zum Grund der Konzentration darstellen, der nicht geboren wird, nicht altert und nicht stirbt. Dies wirft die Frage auf: Sind wir unsterbliche Wesen, die eine zeitliche Erfahrung machen, oder sind es zeitliche Wesen, die sich nach dem Unsterblichen sehnen?

Wissenschaftliche Skepsis bleibt bestehen, und das zu Recht. Die objektive Messung subjektiver Erfahrungen ist problematisch. Es ist bekannt, dass das Gehirn unter extremem Stress halluziniert. Wir müssen uns aber auch fragen: Warum berichten so viele Menschen trotz so großer kultureller und persönlicher Unterschiede von vergleichbaren Veränderungen ihrer Zeitwahrnehmung im Angesicht des Todes? Die

Fevzi H.

Konsistenz dieser Berichte und die Klarheit, mit der sie erinnert werden können, deuten darauf hin, dass mehr als nur unorganisierte Gehirnaktivität dahinterstecken könnte.

Ob die Ewigkeit nun ein chemischer Trick oder ein Fenster ins Unendliche ist, ihre Präsenz in Nahtoderfahrungen ist unübersehbar. Sie weist auf eine Realität hin, die Mystiker, Dichter und Suchende schon lange erahnen: dass die Ewigkeit nicht so unveränderlich ist, wie sie scheint, und dass unser Innerstes möglicherweise nicht an ihre Gesetze gebunden ist.

Wenn die Erfahrung der Ewigkeit in Nahtoderfahrungen real ist – auch subjektiv –, dann muss unsere Erfahrung von Leben, Erkenntnis und Tod neu kalibriert werden. Zeit wird in dieser Sichtweise zu einem Kleidungsstück, das wir vorübergehend tragen, nicht zu einem Käfig, in dem wir geboren werden und sterben. Und in Momenten, in denen sich der Schleier lüftet – sei es in Meditation, tiefer Trance oder am Rande des Todes – können wir auch einen Blick auf das erhaschen, was dahinter liegt: eine Stille, ein Licht, ein ewiges Jetzt, das ursprünglich nie von uns getrennt war.

6.4 Die Fähigkeit des Gehirns, alternative zeitliche Realitäten zu erzeugen

Zeit, wie wir sie genießen, ist nicht nur ein stetiger Druck, der von der Vergangenheit in die Zukunft fließt. Sie ist ein vom Gehirn geformtes und gefiltertes Konstrukt – eine dynamische, formbare Erfahrung statt einer starren Realität. Von Wünschen und veränderten Bewusstseinszuständen bis hin zu neurologischen Anomalien und schweren Traumata kann sich unsere Zeitwahrnehmung dehnen, verdichten, in Schleifen verlaufen oder sogar ganz verschwinden. Diese Abweichungen sind nicht bloße Wahrnehmungsfehler; sie offenbaren das bemerkenswerte Potenzial des Gehirns, veränderte zeitliche Realitäten zu erschaffen. Die Implikationen sind tiefgreifend und werfen Fragen nach der Authentizität unserer alltäglichen Erfahrung auf und danach, ob die Wunschzeit überhaupt so existiert, wie wir sie uns vorstellen.

Im menschlichen Geist existiert eine Symphonie miteinander verbundener Netzwerke, die gemeinsam das erzeugen, was wir als „Fluss" der Zeit wahrnehmen. Diese Netzwerke sind verantwortlich für die Abfolge von Ereignissen, die Einschätzung von Intervallen und den Rhythmus unserer inneren Uhr. Doch diese Uhr ist nicht immer einzigartig – sie besteht aus mehreren parallel arbeitenden Mechanismen, die durch Erinnerungen, Emotionen, Aufmerksamkeit und Physiologie gesteuert werden. Werden diese Systeme gestört, bricht die Linearität der Zeit zusammen und wird durch seltsame und manchmal überwältigende Geschichten ersetzt, die sich der traditionellen Chronologie widersetzen.

Fevzi H.

Eines der eindrucksvollsten Beispiele für den Austausch zeitlicher Realitäten findet sich im Traumland. Während des REM-Schlafs (Rapid Eye Movement), wenn die meisten Träume entstehen, kann das Gehirn komplexe Erzählungen in scheinbar unendliche Zeitlinien komprimieren. Menschen berichten regelmäßig davon, Tage, Wochen oder sogar ganze Leben innerhalb weniger Minuten Schlaf zu erleben. Diese zeitliche Verzerrung entsteht, weil das träumende Gehirn die Zeit nicht anhand realer Signale misst. Die Abfolge und Dauer der Aktivitäten werden aus innerer Logik, Emotionen und symbolischen Assoziationen geformt. Dies offenbart das Potenzial des Gehirns, vollständig immersive Zeitlinien zu erzeugen, die zwar in sich konsistent, aber unabhängig von der tatsächlichen Uhrzeit sind.

Ein weiteres Phänomen, psychedelische Erfahrungen, stören die Zeitwahrnehmung oft radikal. Substanzen wie LSD, Psilocybin und DMT können das Zeitempfinden stark verändern – es verlangsamt sich, bildet eine Endlosschleife oder verschwindet ganz. Unter diesen Einflüssen können sich Minuten wie Ewigkeiten anfühlen, und der Geist kann sich mit einer gefühlt endlosen Tiefe und Komplexität entfalten. Neurologisch verändern Psychedelika die Aktivität im Ruhezustandsnetzwerk (DMN) – einem Gehirnnetzwerk, das mit selbstreferenziellem Fragen und Zeitverarbeitung verbunden ist. Durch die Störung des DMN verringern

Psychedelika die Filterfunktionen des Gehirns, sodass sensorische Informationen und innere Wahrnehmung miteinander verschmelzen und frei und ungehindert durch die lineare Zeit fließen können.

Solche Berichte beschränken sich jedoch nicht nur auf Traumwelten oder drogenbedingte Zustände. Bestimmte neurologische Erkrankungen unterstreichen zusätzlich die Fähigkeit des Gehirns, die zeitliche Realität zu verzerren. Temporallappenepilepsie beispielsweise kann Anfälle auslösen, die das Zeitempfinden dramatisch beeinflussen. Patienten beschreiben verlangsamte oder verlängerte Zeit, Déjà-vu-Erlebnisse oder eine völlige Loslösung vom Zeitfluss. Die Temporallappen spielen, wie der Name schon sagt, eine wichtige Rolle bei der Verarbeitung zeitbezogener Informationen. Sind sie überaktiv oder dysreguliert, kann die Realität selbst aus dem Takt geraten.

Auch Parkinson, Schizophrenie und bipolare Störungen stehen mit Störungen der inneren Zeitabläufe im Zusammenhang. Menschen mit Schizophrenie erleben oft ein fragmentiertes Zeitgefühl, bei dem die Abfolge von Gedanken und Aktivitäten an Kohärenz verliert. Bipolare Menschen in manischen Phasen berichten häufig von einem gesteigerten Zeitgefühl, bei dem sich alles beschleunigt anfühlt, die Gedanken rasen und die Welt sich zu schnell zu bewegen scheint. Umgekehrt kann sich die Zeit während depressiver

Fevzi H.

Episoden wie eingefroren oder schmerzhaft langsam anfühlen, was zeigt, wie stark emotionale und neurochemische Zustände die zeitliche Konzentrationsdauer beeinflussen.

Traumata und lebensbedrohliche Situationen geben weitere Einblicke in die Flexibilität der wahrgenommenen Zeit. Während eines Autounfalls, eines Sturzes oder einer gewalttätigen Auseinandersetzung dokumentieren viele Menschen, dass die Zeit scheinbar langsamer vergeht, was ihnen ermöglicht, Ereignisse mit außergewöhnlicher Detailgenauigkeit zu betrachten. Dieses Phänomen, manchmal auch als Tachypsychie bezeichnet, ist möglicherweise die adaptive Reaktion des Gehirns auf eine Katastrophe. Die Amygdala, ein Schlüsselorgan für die emotionale Verarbeitung und Gefahrenerkennung, wird hyperaktiv, was zu erhöhter Aufmerksamkeit und Gedächtniskodierung führt. Das subjektive Ergebnis ist ein Gefühl von verlängerter Zeit, obwohl die Zielzeit unverändert bleibt. In diesen Momenten scheint das Gehirn in einen Zustand erhöhter zeitlicher Wahrnehmung zu gelangen – es entsteht eine Veränderung der Zeitlinie innerhalb von Echtzeitsekunden.

Ein noch geheimnisvollerer Bereich offenbart sich in meditativen und Trancezuständen. Praktizierende tiefer Meditation berichten oft von Zeitlosigkeit oder dem Gefühl, in einer ewigen Gegenwart zu sein. In höheren Zuständen des Samadhi (Bewusstseins) oder des nicht-zwillinglichen

Bewusstseins lösen sich Vergangenheit und Zukunft auf und lassen nur noch das Jetzt übrig. EEG-Studien zeigen, dass solche Zustände mit Veränderungen der Alpha- und Theta-Wellenaktivität verbunden sind, die mit einem Gefühl von Frieden, Solidarität und Losgelöstheit vom Zeitfluss einhergehen. In diesen Situationen setzt der Geist seine gewohnte narrative Zeitgestaltung aus und ermöglicht die Konzentration auf Entspannung in einem Zustand jenseits der Linearität.

Diese Fähigkeit, alternative zeitliche Realitäten zu erschaffen, ist nicht nur eine Eigenart – sie kann entscheidend dafür sein, wie wir Sinn und Identität konstruieren. Unser Selbsterleben ist eng mit Erinnerungen verbunden, die von Natur aus zeitlich sind. Wenn das Gehirn Erinnerungen abruft, geschieht dies durch die Rekonstruktion vergangener Ereignisse in die Gegenwart. Dieser Prozess ist jedoch nicht immer korrekt oder linear. Falsche Erinnerungen, Zeitkompression und retrospektive Verzerrungen tragen zur rekonstruktiven Natur des Gehirns bei. Wir erinnern uns nicht an die Vergangenheit, wie sie war – wir erinnern uns daran, wie sie für das gegenwärtige Selbst nützlich oder kohärent ist.

Ebenso sind unsere Zukunftsprojektionen – Pläne, Hoffnungen, Ängste – Akte der Kreativität, zusammengesetzt aus Fragmenten vergangener Studien. Das Ruhezustandsnetzwerk des Gehirns, das für

Fevzi H.

Gedankenwanderung und Selbstprojektion verantwortlich ist, erzeugt komplexe Simulationen möglicher Zukünfte. Diese intellektuellen Zeitreiseoperationen basieren zwar auf Erinnerung und gesundem Menschenverstand, sind aber nicht an die tatsächliche Zeit gebunden. Wir können lange Zeiträume in Sekunden erfassen oder in Gedanken von einem Lebenspunkt zum anderen springen, was die inhärente Flexibilität unserer zeitlichen Wahrnehmung offenbart.

Aktuelle Studien der kognitiven Neurowissenschaften und Psychologie betrachten das Zeitempfinden heute eher als Ansammlung verkörperter Aufmerksamkeit denn als genaue Widerspiegelung der physischen Zeit. Dies führte zu Modellen wie der Zeitbindungstheorie, die davon ausgeht, dass das Gehirn eingehende Sinnesdaten aktiv zu kohärenten Zeitlinien zusammenfügt. Wird dieser Verknüpfungsprozess verändert – sei es durch Pillen, Traumata, Infektionen oder veränderte Bewusstseinszustände –, verändert sich auch das daraus resultierende Zeitempfinden.

Aus Sicht der theoretischen Physik ist die Wahrnehmung linearer Zeit selbst nicht kritisch zu hinterfragen. In der Relativitätstheorie ist Zeit nicht absolut – sie dehnt sich abhängig von Geschwindigkeit und Schwerkraft aus. Die Blockuniversum-Version suggeriert, dass Jenseits, Gegenwart und Zukunft koexistieren und der Fluss der Zeit eine Illusion ist. Wenn unser Universum ein vierdimensionaler

Raumzeitblock ist, dann kann die geistige Erfahrung von fließender Zeit ein kognitives Artefakt sein – nützlich für das Überleben, aber nicht Ausdruck der wahren Natur der Wahrheit.

Dies eröffnet eine großartige Chance: Das Gehirn kann durch die Erzeugung temporärer Realitäten manchmal auch tiefere Aspekte der Universumsstruktur erfassen oder simulieren. Die Theorie des Quantenhirns, so spekulativ sie auch sein mag, geht davon aus, dass Quantenprozesse in Neuronen Momente der Verschränkung mit nichtlokalen Zeitdaten ermöglichen könnten. Solche Theorien sind zwar diskutabel, spiegeln aber die subjektiven Berichte von Menschen wider, die Zeitlosigkeit erlebt haben. Sie legen nahe, dass Bewusstsein auf noch nicht vollständig verstandene Weise mit Zeit interagieren könnte.

Darüber hinaus zeigt das Phänomen der Chronostase – eine zeitliche Illusion, bei der der erste Moment nach einer unerwarteten Augenbewegung länger zu vergehen scheint, als er tatsächlich tut –, wie fragil und konstruiert unser Gegenwartsgefühl tatsächlich ist. Die „Stillstands-Uhr-Illusion", bei der eine Uhr beim ersten Blick für eine Sekunde einzufrieren scheint, ist ein irdisches Beispiel für die innovative Zeitmanipulation des Gehirns und beweist zugleich, dass das, was wir wahrnehmen, nicht die Zeit selbst ist, sondern eine durch unsere Gedanken zusammengesetzte Erzählung.

Zusammengenommen führen all diese Erkenntnisse zu einer radikalen Schlussfolgerung: Das Gehirn nimmt Zeit nicht passiv wahr – es erzeugt sie. Dabei konstruiert es verschiedene Versionen der Realität, von denen einige mit der physischen Zeit übereinstimmen, andere zu Erfahrungen führen, die surreal, unendlich oder zyklisch erscheinen.

Diese Handelsrealitäten sind keine echten Fehler oder Pathologien. Sie können entscheidend für Kreativität, Erholung, Spiritualität und Transformation sein. In tiefer Trance oder meditativen Zuständen berichten Menschen oft von tiefen Erkenntnissen, einer Neuordnung der Lebensprioritäten oder einer neuen Erfahrung kosmischer Verbundenheit – all dies entsteht durch das Verlassen der konventionellen Zeit.

In diesem Licht erscheint die Fähigkeit des Gehirns, Zeitlinien zu erzeugen, möglicherweise nicht als Wahrnehmungsfehler, sondern als Portal zu anderen Seinsweisen. Das Erleben von Zeit ist nicht immer einzigartig. Es ist ein vielschichtiges Phänomen, das sich in endlosen Konfigurationen entfalten kann. Unsere Wacherfahrung, begrenzt durch Biologie und Tradition, ist jedoch eine Version unter vielen.

Im Grunde sind wir innerlich Zeitreisende. Unser Verstand trägt uns mit einem Konzept durch Jahrzehnte, lässt Erinnerungen mit emotionaler Tiefe wieder aufleben und glaubt an Zukünfte, die niemals eintreten werden. Das Gehirn lebt nicht einfach in der Zeit – es erschafft sie, formt sie, verbiegt sie und überschreitet sie manchmal sogar.

Während die Neurowissenschaft diese Dimensionen immer weiter erforscht, werden wir vielleicht auch entdecken, dass die größten Geheimnisse der Zeit nicht in der Materie des Raums oder den Gleichungen der Physik liegen, sondern in den Falten der Erkenntnis selbst. Der Verstand ist nicht nur ein Überlebensmechanismus. Er ist ein Chrononaut – ein Schöpfer von Welten, von Zeitlinien, von zeitlichen Wünschen.

6.5 Kann der Geist die Zeit manipulieren?

Die Vorstellung, dass Zeit eine starre, lineare Ansammlung ist, die sich unaufhaltsam von der Vergangenheit in die Zukunft bewegt, ist seit Jahrtausenden ein Grundpfeiler der menschlichen Wahrnehmung. Wir leben nach Uhren und Kalendern, eingebettet in Routinen und Erwartungen, die durch die zeitliche Ordnung geprägt sind. Doch im Zentrum unseres bewussten Erlebens liegt eine beunruhigende Tatsache: Zeit ist nicht so unveränderlich, wie sie erscheint. Sie dehnt sich, bildet Schleifen, kollabiert und verschwindet vollständig – zumindest im Panorama des Geistes. Die Frage stellt sich in Neurowissenschaften, Psychologie und Physik gleichermaßen mit zunehmender Dringlichkeit: Kann das Gehirn die Zeit tatsächlich verbiegen?

Um diese Frage zu beantworten, müssen wir uns zunächst damit befassen, was wir unter „Zeit" verstehen. In der Physik wird Zeit häufig als eine Größe beschrieben, vergleichbar mit dem Raum, durch den sich Zahlen und Kräfte bewegen. In Einsteins Relativitätstheorie ist Zeit relativ – sie verlangsamt sich in der Nähe großer Objekte oder bei hoher Geschwindigkeit, was beweist, dass Zeit nicht absolut ist. Doch das ist der äußere, objektive Rahmen. Innerlich ist Zeit etwas völlig anderes: ein Gefüge bewusster Aufmerksamkeit, ein vom Gehirn erzeugtes Modell, um Ereignisse zu ordnen, Aktivitäten vorherzusagen und Kontinuität in der Identität zu schaffen.

Dieses innere Zeitverständnis ist alles andere als stabil. Es ist anfällig für Stimmungen, Aufmerksamkeit, Neuheit, Erinnerungen und neurologische Ereignisse. Es ist ein emergentes Phänomen – erzeugt durch synchron arbeitende neuronale Netzwerke und sensorische Systeme. Verändert sich diese Synchronität, verändert sich auch unser Zeitempfinden. Und hierin liegt der Ausgangspunkt für den enormen Einfluss des Gehirns: nicht auf den Verlauf der physischen Zeit, sondern auf die wahrgenommene Zeit – die Zeit, die wir wirklich kennen.

Denken Sie an die subjektive Verlangsamung der Zeit in Krisenmomenten. Ein Autounfall, ein Beinahe-Todeserlebnis

Jenseits des Verstandes

oder ein unerwartetes Trauma können das Gefühl hervorrufen, die Zeit habe sich gedehnt – als würde sich jedes Detail in Zeitlupe zeigen. Neurobiologisch kann dies auf eine erhöhte Aktivität in der Amygdala zurückzuführen sein, die die Kodierung sensorischer Details verstärkt und dadurch sozusagen zusätzliche „Frames" im 2D-Modus erzeugt. Das Gehirn verlangsamt die Zeit nicht zwangsläufig; es erhöht die Informationsdichte. Doch für den Betroffenen ist die Wirkung unverkennbar: Die Zeit verbiegt sich im Moment der Gefahr.

Am anderen Ende des Spektrums liegt das Phänomen des „Mit-dem-Fluss-Gehens" – ein Zustand völligen Versunkenseins in ein Hobby, in dem die Zeit zu vergehen scheint. Künstler, Sportler, Musiker und Programmierer beschreiben regelmäßig das Gefühl der Zeitlosigkeit, während sie sich voll und ganz ihrem Handwerk widmen. Im „Fluss" schwindet die Selbstaufmerksamkeit, der Lauf der Zeit wird nebensächlich, und die Grenzen zwischen Geist und Tätigkeit lösen sich auf. Diese Zustände, die häufig mit übermäßiger Dopamin- und Noradrenalinaktivität im präfrontalen Kortex in Verbindung gebracht werden, legen nahe, dass mit zunehmender kognitiver Konzentration das normale Ticken der mentalen Uhr aufhört. Der Geist hört in seiner Versunkenheit auf, die Zeit zu verfolgen – und verändert sie dadurch.

Fevzi H.

Träume liefern ein weiteres eindrucksvolles Beispiel. Während des REM-Schlafs erschafft das Gehirn ganze Geschichten, die sich langwierig, komplex und emotional hochgradig anfühlen – und doch entstehen sie oft in Sekundenschnelle. Die zeitlichen Illusionen der Träume suggerieren, dass das Gehirn komplexe Zeitlinien ohne externe Einflüsse zusammenstellen kann, unbeeinflusst von den Regeln der chronologischen Ordnung. Vergangenheit, Gegenwart und Zukunft können im Traum koexistieren; Symbole ersetzen die Reihenfolge, und Kausalität weicht emotionaler Logik. In diesen Momenten verbiegt das Gehirn die Zeit vollständig – es entwickelt Geschichten außerhalb der Grenzen der Wachzeitlichkeit.

Diese Kraft erstreckt sich auf meditative und mystische Berichte. Praktizierende tiefer Achtsamkeit oder transzendentaler Zustände berichten regelmäßig von der Auflösung der Zeitwahrnehmung. In fortgeschrittenen Zuständen meditativer Versenkung kommt die Zeitwahrnehmung vollständig zum Stillstand. Die Neurowissenschaft hat begonnen, dies mittels Elektroenzephalographie (EEG) und funktioneller Magnetresonanztomographie (fMRT) zu untersuchen. Dabei stellte sie fest, dass Regionen wie das Ruhezustandsnetzwerk (DMN), die an selbstreferenzieller Vorstellung und Zeitverarbeitung beteiligt sind, eine reduzierte Aufmerksamkeit zeigen. Der gegenwärtige Moment dehnt sich zum effektivsten Moment aus, und der lineare Zeitablauf verschwindet. Diese Studien belegen, dass die Punktwahrnehmung nicht nur formbar ist, sondern durch das mentale Feld aufgehoben werden kann.

Bei psychiatrischen Erkrankungen kann die Zeit bis zur Desorientierung verzerrt sein. Menschen mit Schizophrenie können ebenfalls gestörte Zeitabläufe erleben, bei denen Motiv und Wirkung verschwimmen oder sich aufheben. Depressionen können das Gefühl erzeugen, die Zeit ziehe sich endlos hin, während Manie sie bis zum Chaos beschleunigen kann. Das Zeitgefühl kann zum Symptom werden, zum Spiegelbild der veränderten Chemie und Struktur des Gehirns. Studien legen nahe, dass Dopamin eine wichtige Rolle bei der Zeitmessung spielt – unserer Fähigkeit, Zeiträume einzuschätzen. Ist der Dopaminspiegel gestört, verändert sich auch unser Zeitempfinden. Dies bestärkt die Ansicht, dass Zeit nicht im luftleeren Raum, sondern als ein Gebilde neurochemischer Aktivität entsteht.

Eines der mysteriösesten Phänomene im Zusammenhang mit mentaler Zeitverzerrung ist das Déjà-vu – das unheimliche Gefühl, dass ein bestimmter Moment bereits stattgefunden hat. Obwohl es traditionell als Gedächtnisstörung gilt, legen aktuelle Theorien nahe, dass Déjà-vu auf Defekte im zeitlichen Verarbeitungssystem des

Fevzi H.

Gehirns, insbesondere im Hippocampus und im temporalen Kortex, zurückzuführen sein könnte. Das Gefühl des „Wiedererlebens" könnte eine vorübergehende zeitliche Überlappung sein – ein neurologischer Schluckauf, bei dem aktuelle Sinneseindrücke fälschlicherweise als Erinnerung kategorisiert werden. Dies deutet darauf hin, dass das Gehirn die Zeit nach innen falten und so rekursive Erlebnisschleifen bilden kann.

Ebenso stören halluzinogene Substanzen das Zeitempfinden häufig dramatisch. Konsumenten von LSD, Psilocybin und DMT berichten typischerweise von Zeitdilatation, sich wiederholenden Zeitlinien oder Ewigkeitserlebnissen. Unter dem Einfluss dieser Substanzen werden die Filtermechanismen des Gehirns, insbesondere im Thalamus und DMN, entspannt, wodurch Sinneseindrücke und Gedanken freier fließen können. Dies führt häufig zu nichtlinearen oder sogar fraktalen Zeiterfahrungen. Die Vorstellung eines „Jetzt" wird flüchtig und nimmt je nach emotionalen und perzeptuellen Einflüssen zu oder ab. Diese veränderten Zustände unterstützen die Theorie, dass Zeit, wie wir sie erleben, eine Halluzination höherer Ordnung ist – eine kognitive Struktur, die einer flüssigeren und weniger deterministischen Realität aufgezwungen wird.

Aus theoretischer Sicht könnten wir diese intellektuellen Phänomene auf tiefere philosophische Gebiete ausdehnen.

Wenn der Verstand nichtlineare Zeitmodelle erstellen und subjektive Zeit so leicht manipuliert werden kann, was sagt das über die objektive Natur der Zeit selbst aus? Einige Interpretationen der Quantenphysik, wie die Mehr-Welten-Theorie oder die Schleifenquantengravitation, legen nahe, dass die Zeit nicht fundamental, sondern emergent ist. In solchen Modellen entsteht Zeit aus Veränderungen der Beziehungen zwischen Quantenzuständen, anstatt als neutraler Hintergrund zu existieren. Das bedeutet, dass unser intellektuelles Zeitempfinden möglicherweise stärker mit der Realität übereinstimmt als unsere Uhren.

Der Wahrheitssucher Immanuel Kant argumentierte einst, dass Zeit (und Raum) keine Objekte der Außenwelt, sondern Formen menschlicher Wahrnehmung seien. Das heißt, Zeit existiert möglicherweise gar nicht „verfügbar" – sondern nur in der Wahrnehmung. Die moderne Kognitionswissenschaft beginnt, diese Ansicht zu übernehmen und beschreibt Zeit als neuronale Struktur statt als physische Konstante. Wenn dies zutrifft, dann nimmt das Gehirn Zeit nicht nur wahr; es erschafft sie. Und was das Gehirn erschafft, kann es auch umgestalten.

Neue Technologien beginnen nun, Wege zu finden, diese Ansammlung gezielt zu manipulieren. Virtuelle Realitätsumgebungen können die Zeit durch veränderte Kommentarschleifen, Immersionsgrade und Erzähltempo verzerren. Experimentelle Schnittstellen mit Neurofeedback und Gehirn-Computer-Interaktion legen nahe, dass es möglich sein könnte, das Gehirn zu trainieren, Zeit auf neue Weise zu erleben. Die Auswirkungen auf Therapie, Leistungsfähigkeit und sogar Alterung sind tiefgreifend. Wenn die subjektive Zeit gedehnt oder komprimiert werden kann, dann kann dies auch unsere Lebenserfahrung selbst sein.

In schweren Fällen, darunter außerkörperliche Erlebnisse und Nahtoderfahrungen, beschreiben Betroffene häufig zeitlose Zustände, grenzenloses Licht oder „das Aufblitzen ihrer gesamten Existenz vor ihren Augen". Ob es sich dabei um neurologische Phänomene oder Einblicke in eine tiefere Ebene der Realität handelt, bleibt heiß umstritten. Ihre Gemeinsamkeit in verschiedenen Kulturen, Glaubensstrukturen und persönlichen Hintergründen deutet jedoch auf eine weit verbreitete kognitive Fähigkeit hin, dem Zeitrausch vollständig zu entfliehen. Diese Momente führen oft zu radikalen Veränderungen im Leben, was darauf schließen lässt, dass Begegnungen mit Zeitlosigkeit psychologisch transformierend sein können.

Kann der Geist die Zeit verbiegen? Wenn wir mit „verbiegen" meinen, unser Erleben der Zeit zu verzerren, auszusetzen oder umzugestalten, dann ist die Antwort eindeutig ja. Das Gehirn ist kein passiver Beobachter der Zeit – es gestaltet die zeitliche Realität. Es kann die Zeit beschleunigen, verlangsamen, fragmentieren oder ganz auslöschen. Und dabei zeigt es, dass die Zeit kein Fluss mehr ist, auf dem wir treiben, sondern ein Meer, das wir mit jedem Akt der Aufmerksamkeit, Erinnerung und Kreativität formen.

Wenn wir jedoch eine Krümmung der Zielzeit meinen – also eine Veränderung der Abfolge von Ereignissen in der äußeren Welt –, betreten wir spekulatives Terrain. Solange es noch keine Beweise dafür gibt, dass die Theorie allein die Raumzeit selbst verändern kann, bleibt unser Zeitverständnis unvollständig. Quantenverschränkung, Retrokausalität und beobachterbasierte Phänomene legen nahe, dass die Grenze zwischen Bewusstsein und physikalischer Realität möglicherweise nicht so konstant ist, wie wir einst glaubten.

Die vielleicht entscheidendere Frage ist nicht, ob der Geist die Zeit beugen kann, sondern ob er dies bereits tut, ständig und ohne unser Wissen. Jede Erinnerung, jeder Plan, den wir schmieden, jede Geschichte, die wir über uns erzählen, ist eine Krümmung der Zeitachse. Unser Leben wird nicht als Linie erlebt, sondern als Handlungsbogen, der im Geist neu ausgerichtet wird, um Kohärenz und Bedeutung zu erzeugen. In dieser Erfahrung ist der Geist ein Architekt der Zeit, der die Vergangenheit aus den Ruinen der Erinnerung aufbaut und die Zukunft auf das Gerüst von Sehnsucht und Angst projiziert.

Die Kraft des Geistes, die Zeit zu beugen, liegt nicht darin, die Gesetze der Physik zu brechen, sondern darin, die

Illusion zu überwinden, dass die Zeit konstant ist. Je tiefer wir die inneren Mechanismen des Glaubens erforschen, desto klarer erkennen wir, dass die Zeit kein Käfig, sondern eine Leinwand ist. Das Gehirn in seiner Komplexität gibt uns nicht nur die Möglichkeit, die Minuten zu messen, sondern sie neu zu erfinden.

KAPITEL 7

Bewusstseinserfahrungen, die die Grenzen der Realität verschieben

7.1 Klarträume: Mentale Manipulation der Realität

Klarträumen zählt zu den rätselhaftesten und tiefgreifendsten Phänomenen der menschlichen Erfahrung – ein einzigartiges hybrides Reich, in dem sich der Träumende bewusst wird, dass er träumt, und in unterschiedlichem Ausmaß Einfluss auf Inhalt und Verlauf des Traums nehmen kann. Dieses mentale Phänomen verwischt die Grenze zwischen bewusstem Willen und dem unbewussten Gefüge des Schlafs. In Klarträumen wird der Geist sowohl zum Beobachter als auch zum Schöpfer der Realität und offenbart nicht nur die Elastizität subjektiver Erfahrung, sondern auch die tiefen kognitiven Potenziale, die in uns schlummern. Es wirft eine einfache, aber zugleich aktuelle Frage auf: Was geschieht, wenn wir uns in einer Welt bewusst werden, die vollständig aus unserem eigenen Bewusstsein geboren ist?

Der Begriff „klares Träumen" wurde erstmals im frühen 20. Jahrhundert vom niederländischen Psychiater Frederik van Eeden offiziell geprägt, obwohl historische Hinweise auf selbstbewusste Träume Jahrhunderte zurückreichen. Tibetische Buddhisten praktizierten eine Form von Traumyoga zur spirituellen Entwicklung, bei der die Klarheit der Träume als Übungsfläche für die Aufmerksamkeit genutzt wurde. Was luzide Träume von alltäglichen Träumen unterscheidet, ist jedoch nicht nur das Bewusstsein des Träumens, sondern die Fähigkeit, die Traumlandschaft selbst zu verändern. Berge können schweben. Die Zeit kann sich umkehren. Gespräche können mit Erinnerungen oder Fantasien einhergehen. Bei luziden Träumen agiert der Geist in einem Sandkasten zahlloser Möglichkeiten, der nur durch die eigenen Ideale, Erwartungen und kognitive Kreativität eingeschränkt wird.

Klarträume treten häufig während des REM-Schlafs (Rapid Eye Motion) auf, einer Phase, die mit intensivem Träumen und erhöhter Gehirnaktivität verbunden ist. Neurowissenschaftliche Studien mittels gezielter MRT und Elektroenzephalographie (EEG) haben gezeigt, dass in Klarträumen bestimmte Hirnregionen – insbesondere der dorsolaterale präfrontale Kortex, der während des REM-Schlafs normalerweise inaktiv ist – reaktiviert werden. Dieser Bereich ist mit Metakognition, Selbstreflexion und dem Arbeitsgedächtnis verbunden. Dies deutet darauf hin, dass Klarträume durch die Wiederaktivierung aktiver Funktionen in einem ansonsten unbewussten Zustand entstehen. Klarträumen ist somit ein hybrides Reich – eine neurologische Brücke zwischen Wachheit und träumender Bewusstlosigkeit.

Was luzide Träume so fantastisch macht, ist der Grad, in dem der Träumer die innere Welt manipulieren kann. Erfahrene Klarträumer berichten regelmäßig von der Fähigkeit zu fliegen, durch Wände zu gehen, die Umgebung zu verändern oder Menschen und Gegenstände nach Belieben heraufzubeschwören. Im Gegensatz zur virtuellen Realität, die durch programmierte Parameter eingeschränkt ist, ist die Traumwelt völlig innerlich und unendlich formbar. Das Gehirn simuliert Sinneseindrücke mit außergewöhnlichem Realismus und erzeugt Erfahrungen, die vom Wachzustand nicht zu unterscheiden sind. Texturen, Geräusche und sogar Schmerzen können wie in der realen Welt empfunden werden. Doch bei luziden Träumen hat der Träumer die Kontrolle über die Ferne.

Diese Manipulation intellektueller Wahrheit stellt konventionelle Vorstellungen von Erkennen und Manipulieren in Frage. Im Wachleben sind wir oft den Ereignissen ausgeliefert. In luziden Träumen schreibt der Träumer das Drehbuch neu. Ängste können bewältigt, Wünsche erforscht und Welten erschaffen werden. Vielen dient dies der Heilung oder der Erkundung. Luzide Träume werden auf ihre Wirksamkeit in der Albtraumbehandlung untersucht, bei der der Träumer lernt, in alltägliche, belastende Träume einzudringen. Andere nutzen Luzidität zur emotionalen Verarbeitung, zum kreativen Denken oder zur philosophischen Auseinandersetzung.

Die Auswirkungen luziden Träumens gehen jedoch weit über Entspannung und Selbsthilfe hinaus. Sie hinterfragen die Natur der Realität selbst. Wenn das Gehirn die Realität im

Schlaf so überzeugend simulieren kann, was sagt das über unser Wacherlebnis aus? Philosophen von Descartes bis Chalmers haben darüber nachgedacht, ob der Wachzustand eine intensivere Form des Traums sein könnte. Die Simulationshypothese, die davon ausgeht, dass unsere Realität eine computergestützte Simulation sein könnte, gewinnt durch die Linse der Traumklarheit neue Facetten. Sowohl in Träumen als auch in Simulationen wird Wahrnehmung erzeugt, nicht unmittelbar erfahren. In diesem Sinne werden luzide Träume zu einem Labor für ontologische Experimente – einem Ort, an dem Realität als subjektives Konstrukt erlebt wird.

Darüber hinaus bietet luzides Träumen einen fruchtbaren Boden für die Erforschung der Neuroplastizität und der intellektuellen Bildung. Studien haben gezeigt, dass das Einüben körperlicher Aktivitäten in luziden Träumen – wie zum Beispiel sportliche Bewegungen oder musikalische Darbietungen – die reale Leistungsfähigkeit verbessern kann. Der motorische Kortex zeigt während geträumter Bewegungen eine ähnliche Aktivierung wie während wachen Trainings. Dies deutet darauf hin, dass luzides Träumen eine Form des kognitiven Trainings darstellen könnte. Einige Forscher haben vorgeschlagen, luzides Träumen in der Rehabilitation einzusetzen, um Patienten zu ermöglichen, motorische Aufgaben präzise in ihren Träumen zu üben und so möglicherweise die neuronale Erholung zu beschleunigen.

Fevzi H.

Technologische Geräte erweitern auch die Möglichkeiten der Traumklarheit. Trauminduktionstechniken wie Realitätschecks, Wachschlafen (WBTB) und mnemonische Induktion luzider Träume (MILD) werden subtil eingesetzt und mit tragbaren Geräten kombiniert, die während der REM-Schlafphase Licht-, Ton- oder Vibrationssignale abgeben, um die Klarheit zu fördern. Geräte wie der LucidCatcher oder Neuroon überwachen die Gehirnaktivität und versuchen, den Schlafenden sanft zu motivieren, zu erkennen, dass er träumt. Obwohl diese Geräte noch in den Kinderschuhen stecken, markieren sie den Beginn einer neuen Ära: Dream Hacking.

Ethische Fragen werden zunehmend ernster. Wenn Menschen selbst geschaffene Traumwelten erforschen, kontrollieren und sogar süchtig danach werden können, welche psychologischen Risiken bestehen dann? Könnte sich ein Mensch emotional vom Wachleben ablösen, wenn die Traumwelt mehr Kontrolle und Zufriedenheit bietet? Könnten luzide Träume zu einer Form von Neuro-Eskapismus werden, einer hyperpersonalisierten alternativen Realität, die mit der sozialen, chaotischen und unberechenbaren realen Welt konkurriert? Diese Bedenken ähneln denen, die in Bezug auf die virtuelle Realität geäußert werden, sind aber intimer – da luzide Träume privat, immersiv und vollständig vom Selbst geformt sind.

Klarträumen überschneidet sich zudem mit spirituellen und metaphysischen Traditionen. Viele Praktizierende beschreiben ihre luziden Träume als Tor zu besserer Aufmerksamkeit oder transpersonalen Studien. Sie berichten von Begegnungen mit symbolischen Figuren, einem Gefühl der Ich-Auflösung oder Momenten tiefer Verbundenheit und Liebe. Ob diese Erfahrungen neurochemischer Natur sind oder auf etwas Transzendentes hinweisen, bleibt offen. Klar ist jedoch, dass der Zustand des Klartraums eine Tür zu den innersten Strukturen der Psyche öffnet – einem Bereich, in dem unbewusste Muster beobachtet und transformiert werden können.

Die Fähigkeit, im Traum bewusst zu sein und ihn durch gezieltes Handeln zu formen, wirft eine umfassendere Frage nach den Grenzen des Willens auf. Wenn wir unseren Geist im Traum lenken können, was hindert uns dann daran, im Wachleben die gleiche Meisterschaft zu erreichen? Klare Ziele zeigen, dass Bewusstsein kein binärer Zustand – wach oder schlafend – ist, sondern ein Spektrum, und dass das Bewusstsein über dieses Spektrum hinweg durch Übung kultiviert werden kann. Sie legen nahe, dass die Grenzen zwischen Wachen und Träumen, zwischen Realität und Vorstellungskraft, durchlässiger sind, als wir erkennen.

Im Kern ist luzides Träumen ein Spiegelbild der kreativen und selbstbewussten Fähigkeiten des menschlichen

Fevzi H.

Geistes. Es zeigt, dass Glaube, Erinnerung, Identität und Bedeutung keine festen Strukturen sind, sondern dynamische Ströme – offen für Revision, Neuausrichtung und Neuerfindung. In luziden Träumen wird der Geist zugleich Schauspieler und Regisseur, Künstler und Leinwand, Entdecker und Landschaft. Und an dieser heiligen Schnittstelle zwischen Bewusstsein und Schöpfung verbiegt sich die Wahrheit.

Klarträume bieten keinen Ausbruch aus der Realität. Sie bieten etwas viel Radikaleres: die Möglichkeit, sie neu zu definieren – nicht nur im Schlaf, sondern im Leben. Denn sobald wir erfahren, dass wir im Traum bewusst werden und ihn verändern können, fragen wir uns: Können wir das auch im Wachleben tun? Können wir in unserem Verhalten, unseren Ängsten und unseren Denkweisen klar werden und sie dann – durch bewusste Entscheidungen – neu gestalten?

Klarträumen ist mehr als nur eine mentale Neugier. Es ist eine stille Revolution, die sich Nacht für Nacht in Schlafzimmern auf der ganzen Welt entfaltet. Und es lehrt uns sanft und tiefgreifend, dass der Geist nicht immer ein Gefangener der Wahrheit ist – er ist ihr Meister.

7.2 Astralprojektion und die Bewegung des Geistes über den Raum hinaus

Astralprojektion, auch als außerkörperliche Erfahrung (AKE) bekannt, ist ein Phänomen, bei dem sich Menschen in ihrem physischen Körper im Freien wahrnehmen und regelmäßig durch außergewöhnliche Umgebungen oder Nationalstaaten reisen. Die Erfahrung ist von Natur aus subjektiv – sie hängt von der Wahrnehmung und dem Bewusstsein des Einzelnen ab und nicht von äußerlich messbaren Konsequenzen. Dies macht es schwierig, das Phänomen mit herkömmlichen medizinischen Methoden zu bestätigen, was zu Debatten darüber führt, ob es sich um eine mentale, neurologische oder metaphysische Erfahrung handelt.

Eine der häufigsten Arten, wie Menschen eine Astralprojektion herbeiführen, ist das Erreichen eines Zustands tiefer Ruhe und veränderter Aufmerksamkeit, häufig durch Meditation, tiefes Atmen, sportliche Aktivitäten oder im Schlaf. Diese Zustände scheinen es Menschen zu ermöglichen, in einen mentalen Raum einzutreten, in dem sie ihren „Astralkörper" losgelöst von ihrer physischen Form wahrnehmen können. Manche beschreiben das Gefühl als „Schweben" oder „Verlassen" des Körpers, andere sprechen von Reisen an entfernte Orte oder in andere Dimensionen.

Trotz der subjektiven Natur der Astralprojektion hat sie die Fantasie von Menschen aller Kulturen und religiösen Traditionen beflügelt. Das Erlebnis ist häufig mit erhöhter Aufmerksamkeit, einem Gefühl der Befreiung vom physischen Körper und manchmal sogar tiefen spirituellen oder philosophischen Erkenntnissen verbunden. Für viele ist die

Astralprojektion ein Weg, um in Bereiche jenseits des alltäglichen physischen Lebens zu gelangen und Geschichten zu erzählen, die Zeit und Raum transzendieren.

Aus neurologischer Sicht wird Astralprojektion oft als eine Form der Dissoziation angesehen. Während außerkörperlicher Erfahrungen berichten Menschen oft, dass sie ihre Umgebung gleichgültig wahrnehmen, als würden sie sie von oben oder aus einer externen Perspektive betrachten. Dies deutet darauf hin, dass das Gehirn eine außergewöhnlich helle, räumlich verzerrte Darstellung der Umgebung entwickelt, die das Gefühl des Schwebens oder „Verlassens" des Körpers erklären kann.

Hirnareale, die am räumlichen Bewusstsein beteiligt sind, wie die temporoparietale Verbindung (TPJ), spielen eine entscheidende Rolle bei der Körperwahrnehmung und der räumlichen Orientierung. Studien mit funktionellen Bildgebungsverfahren, einschließlich der fMRT, haben gezeigt, dass Störungen in der TPJ zu außerkörperlichen Erfahrungen führen können. Dies deutet darauf hin, dass eine Überaktivierung oder Trennung bestimmter Hirnareale auch zu dem Eindruck führen kann, der eigene Geist sei nicht mehr durch den physischen Körper bestimmt.

Schlaflähmung ist ein weiteres Phänomen, das Einblicke in die neurologischen Grundlagen der Astralprojektion geben könnte. Während der Schlaflähmung bleibt der Körper vorübergehend gelähmt, während das Gehirn zwischen Schlaf und Wachheit wechselt, während das Gehirn aktiv bleibt. Dies führt zu einer Trennung zwischen mentalen und physischen Prozessen, oft gefolgt von lebhaften, traumähnlichen Bildern und dem Gefühl, zu schweben oder sich durch den Raum zu bewegen. Bei manchen führt dieser Zustand zu einer außerkörperlichen Erfahrung, bei der sie glauben, an entlegene Orte zu reisen oder Ereignisse aus der Ferne zu beobachten.

Heutzutage kann die Erfahrung der Astralprojektion eine Form sensorischer Desorientierung oder eine Illusion sein, die durch den Versuch des Gehirns entsteht, widersprüchliche Signale zu verarbeiten. Die Übereinstimmung der berichteten Erfahrungen zwischen Menschen verschiedener Kulturen und Zeiträume wirft jedoch Fragen nach der Natur der Fokussierung auf und zeigt, dass unsere Wahrnehmung von Raum und Selbst möglicherweise nicht so konstant ist, wie wir vielleicht glauben.

Eine der wichtigsten Fragen zur Astralprojektion ist, ob Gedanken den Körper wirklich überschreiten können. Befürworter der Astralprojektion argumentieren häufig, dass Aufmerksamkeit nicht nur ein vom Geist geschaffenes Objekt ist, sondern vielmehr ein grundlegendes Element des Universums, das unabhängig von seiner physischen Form existieren kann. In dieser Sichtweise ist der Geist oder die

„Seele" in der Lage, den Körper zu verlassen und durch verschiedene Dimensionen oder Lebensebenen zu reisen.

Dieses Konzept steht im Einklang mit zahlreichen philosophischen und spirituellen Traditionen, die seit langem davon ausgehen, dass Erkenntnis nicht immer auf die materielle Welt beschränkt ist. Östliche Philosophien, darunter Buddhismus und Hinduismus, beschreiben Praktiken wie Meditation und Yoga, die darauf abzielen, ein Bewusstsein für die Trennung des Geistes vom Körper zu entwickeln. Ähnlich sprechen westliche esoterische Traditionen, darunter Hermetik und Gnostizismus, von der Fähigkeit der Seele, die physische Welt zu überschreiten und höhere Existenzzustände zu erreichen.

Einige innovative Denker, ermutigt durch die Quantenphysik, spekulierten sogar, dass Bewusstsein ein nicht-lokales Phänomen sein könnte. In der Quantenmechanik bezeichnet Nicht-Lokalität das Konzept, dass Teilchen sich unmittelbar gegenseitig beeinflussen können, unabhängig von ihrer Entfernung. Wäre Bewusstsein ebenfalls nicht-lokal, könnte es sich über die Grenzen von Raum und Zeit hinaus entfalten. Astralprojektion kann in diesem Zusammenhang als eine Form nicht-lokaler Fokussierung betrachtet werden, bei der der Geist über seine physischen Grenzen hinausreicht.

Die Debatte darüber, ob Astralprojektion ein reales Phänomen oder lediglich ein Produkt der geistigen

Vorstellungskraft ist, dauert an. Skeptiker argumentieren, dass OBEs durch natürliche mentale und neurologische Prozesse sowie die Tendenz des Gehirns, während veränderter Konzentrationszustände leuchtende Träume oder Halluzinationen zu erzeugen, erklärt werden könnten. Sie legen nahe, dass diese Erfahrungen, so überzeugend sie auch sein mögen, kein Beweis für die Fähigkeit des Geistes sind, sich außerhalb des Körpers zu bewegen, sondern vielmehr ein Spiegelbild der komplexen inneren Funktionsweise des Gehirns.

Befürworter der Astralprojektion verweisen hingegen auf die Konsistenz der Berichte, die transformativen Auswirkungen, die sie häufig auf Menschen haben, und die subjektive Realität, mit der Menschen ihre Reisen dokumentieren. Für viele ist die Erfahrung lebensverändernd und führt oft zu einem Perspektivwechsel in Bezug auf die Natur von Realität, Bewusstsein und Seele. Diese Studien lassen sich nur schwer als reine Fantasie abtun, insbesondere wenn Personen überprüfbare Informationen über ihre Umgebung oder Ereignisse dokumentieren, die sich außerhalb ihres Körpers ereigneten.

Obwohl es keinen eindeutigen wissenschaftlichen Beweis dafür gibt, dass Astralprojektion eine objektive Realität darstellt, hat die persönliche und subjektive Natur der Erfahrung die Erforschung der Beziehung zwischen

Konzentration, Geist und der Natur der Raumzeit zusätzlich vorangetrieben. Da sich Studien in der Quantenphysik, den Neurowissenschaften und der Aufmerksamkeitsforschung weiterhin bestätigen, könnten wir eines Tages auch ein klareres Verständnis davon erlangen, ob der Geist den Körper tatsächlich transzendieren und geografische Regionen jenseits unserer physischen Welt erkunden kann.

7.3 Epilepsie, neurologische Störungen und alternative Realitäten

Epilepsie und verschiedene neurologische Erkrankungen werden seit langem mit veränderten Aufmerksamkeitszuständen und Wahrheitswahrnehmungen in Verbindung gebracht, die vom Normalen abweichen. Die Zusammenhänge zwischen diesen Erkrankungen und die Berichte über „alternative Realitäten" oder „nicht-normale Aufmerksamkeitszustände" werfen drängende Fragen nach der Fähigkeit des Gehirns auf, unsere Realitätsvorstellungen zu erzeugen und zu manipulieren. Diese Situationen führen regelmäßig zu Wahrnehmungen veränderter Zeit, Räume und des Selbst und offenbaren eine tiefere Komplexität der Natur des Geistes und seiner Beziehung zur ihn umgebenden Welt.

Epilepsie ist eine neurologische Erkrankung, die durch wiederkehrende Anfälle gekennzeichnet ist, die durch ungewöhnliche elektrische Aktivität im Gehirn verursacht werden. Anfälle können viele Formen annehmen, von kurzen Bewusstseinsausbrüchen bis hin zu schweren Krämpfen, und ihre Auswirkungen auf das Gehirn können zu verschiedenen Sinnes- und Wahrnehmungsstörungen führen. In manchen Fällen erleben Menschen mit Epilepsie tiefgreifende Veränderungen ihrer Wahrnehmung von Zeit, Raum und Realität. Diese Erfahrungen können lebhafte Halluzinationen, ein verzerrtes Zeitgefühl, außerkörperliche Empfindungen und Begegnungen mit scheinbar außerweltlichen Zuständen umfassen.

Eines der auffälligsten Beispiele für dieses Phänomen ist die Temporallappenepilepsie. Sie betrifft den Bereich des Gehirns, der für die Verarbeitung sensorischer Informationen und Gefühle zuständig ist. Patienten mit Temporallappenepilepsie berichten häufig von extremen spirituellen oder mystischen Visionen, Déjà-vu-Gefühlen und der Wahrnehmung, sich in einer „bestimmten Dimension" zu befinden. Diese Symptome deuten darauf hin, dass die Fähigkeit des Gehirns, sensorische Informationen zu erzeugen und zu interpretieren, manchmal überaktiv oder unzusammenhängend sein kann. Dies führt zu Gefühlen, die die Grenzen zwischen inneren mentalen Zuständen und äußerer Realität verwischen.

Die Rolle der Temporallappen bei der Entstehung veränderter Realitätswahrnehmungen war Gegenstand

Fevzi H.

bedeutender Studien. Während Anfällen kann sich die elektrische Spannung des Gehirns auf verschiedene Bereiche ausbreiten, was die alltägliche kognitive Verarbeitung stört und zur Entstehung von Halluzinationen oder Wahnvorstellungen führt. In einigen Fällen beschreiben Menschen mit Epilepsie Berichte, die denen von Menschen ähneln, die verschiedene veränderte Bewusstseinszustände durchlebt haben, beispielsweise durch Nahtoderfahrungen, drogeninduzierte Zustände oder mystische Rituale. Die durch Epilepsie hervorgerufenen sensorischen Verzerrungen und veränderten Zustände deuten darauf hin, dass das Gehirn die Fähigkeit besitzt, die Realität zu „manipulieren", entweder durch die Intensivierung positiver Erlebnisse oder durch die vollständige Ablösung von der physischen Welt.

Neben Epilepsie können auch andere neurologische Probleme zu einer verzerrten Wahrnehmung von Zeit, Raum und Selbst führen. Erkrankungen wie Schizophrenie, dissoziative Identitätsstörung und bestimmte Formen von Hirnschäden können ebenfalls zu Befunden führen, die dem traditionellen Realitätsverständnis zu widersprechen scheinen. Beispielsweise berichten Menschen mit Schizophrenie häufig vom Hören von Stimmen, von Halluzinationen oder von unwirklichen Erfahrungen. All dies deutet auf die komplexe Interaktion des Gehirns mit Sinneseindrücken und die Entwicklung von Realität hin.

Diese Studien hinterfragen die Vorstellung einer festgelegten, objektiven Realität und werfen grundlegende Fragen zur Natur des Bewusstseins auf. Wenn das Gehirn trotz verschiedener neurologischer Störungen so klare und überzeugende Realitäten erzeugen kann, was sagt das über die Fähigkeit des Gehirns aus, die materielle Welt zu erschaffen, zu kontrollieren oder ihr sogar zu „entfliehen"? Könnten uns diese veränderten Zustände einen Einblick in Realitäten oder Dimensionen geben, die neben uns existieren? Oder sind sie lediglich Ausdruck des Versuchs des Gehirns, sensorische Überlastung oder Störungen zu verarbeiten?

Das Konzept alternativer Realitäten ist nicht neu. Verschiedene spirituelle und philosophische Traditionen postulieren seit langem die Existenz von Parallelwelten, höheren Dimensionen oder geografischen Regionen jenseits der normalen Wahrnehmung. Viele dieser Traditionen sprechen von der Fähigkeit des Geistes, durch veränderte Bewusstseinszustände, die durch Meditation, Rituale oder Krankheit ausgelöst werden, auf diese Bereiche zuzugreifen. Die Idee von „schamanischen Reisen" beispielsweise beinhaltet die Wahrnehmung, dass bestimmte Menschen veränderte Wahrnehmungszustände erreichen können, in denen sie, geleitet von Visionen oder Geistwesen, in andere Welten oder geografische Regionen reisen. Diese Studien spiegeln regelmäßig die Wahrnehmung von Menschen mit

Fevzi H.

neurologischen Störungen wider, die Begegnungen mit jenseitigen Wesen, verzerrte Zeit und das Gefühl dokumentieren, sich in einem einzigartigen Raum zu befinden.

Die Parallelen zwischen diesen traditionellen Glaubensvorstellungen und den Geschichten von Menschen mit neurologischen Problemen sind verblüffend. Während man argumentieren könnte, dass die Berichte von Menschen mit Epilepsie oder Schizophrenie das Ergebnis einer Hirnerkrankung oder einer sensorischen Überlastung seien, vertreten andere die Ansicht, dass diese veränderten Zustände auch ein Fenster zu einem tieferen, umfassenderen Wissen über die Realität öffnen könnten – einem Wissen, das die Grenzen unseres gewöhnlichen Glaubens übersteigt.

In diesem Sinne können neurologische Störungen auch als Wege dienen, Realitäten auszutauschen und Menschen Zugang zu geografischen Regionen zu verschaffen, die dem Normalbürger sonst unzugänglich wären. Diese Realitäten sind nicht unbedingt illusorisch oder halluzinatorisch, sondern können auch spezifische Ebenen oder Dimensionen der Wahrnehmung darstellen, die jenseits der materiellen Welt liegen. Das Gehirn wird in dieser Sichtweise zu einer Art Antenne, die sich auf Frequenzen oder Dimensionen einstellt, die oft außerhalb unserer alltäglichen Sinneswahrnehmung liegen.

Die Berichte von Menschen mit neurologischen Problemen eröffnen die interessante Möglichkeit, dass das Gehirn Zugang zu Realitäten oder Dimensionen haben könnte. Während die Mainstream-Technologie diese Geschichten eher wissenschaftlich betrachtet und sie als Anzeichen und Symptome einer Hirnerkrankung entschlüsselt, befürworten alternative Perspektiven, dass diese Erfahrungen auch den Schlüssel zur Erforschung des Wesens von Bewusstsein und Realität selbst enthalten können. Aus dieser Sicht ist das Gehirn nicht auf den Körper oder die materielle Welt beschränkt, sondern kann auch Zugang zu nicht-körperlichen Lebenswelten erlangen.

Der Zusammenhang zwischen neurologischen Störungen und angepassten Realitäten wirft auch Fragen nach den Grenzen menschlichen Glaubens und dem Potenzial für zunehmende Erkenntnis auf. Wenn das Gehirn als Reaktion auf Krankheit oder Trauma so eindringliche und überzeugende Erfahrungen alternativer Realitäten hervorbringen kann, wäre es dann nicht auch möglich, diese Erfahrungen gezielt durch Meditation, Psychedelika oder andere Techniken zu kultivieren? Dies könnte darauf hindeuten, dass Konzentration nicht nur ein passiver Empfänger sensorischer Reize ist, sondern ein aktiver Akteur bei der Gestaltung unserer Realitätserfahrung.

Fevzi H.

Die Geschichten von Menschen mit Epilepsie und anderen neurologischen Problemen verdeutlichen die fließende und formbare Natur der Realität. Ob diese veränderten Wahrnehmungen nun auf eine Fehlfunktion des Gehirns, eine gesteigerte sensorische Verarbeitung oder den Zugang zu Austauschdimensionen zurückzuführen sind, sie weisen auf die enorme Fähigkeit des Gehirns hin, Raum und Zeit zu verzerren, umzuformen und sogar zu überschreiten. Indem wir die Schnittstelle zwischen Neurologie, Aufmerksamkeit und Veränderungsrealitäten weiter erforschen, können wir der wahren Natur der Realität selbst näher kommen – ein Verständnis, das unsere Wahrnehmung der Welt und unseren Platz darin für immer verändern könnte.

7.4 Die Fähigkeit des Gehirns, im Wachzustand Simulationen zu erstellen

Das menschliche Gehirn ist in der Lage, anschauliche und komplexe Simulationen der Realität zu erschaffen, selbst wenn der Körper hellwach und bei Bewusstsein ist. Diese Simulationen nehmen häufig die Form von Träumen, Tagträumen oder sogar visuellen und akustischen Halluzinationen an. Diese Fähigkeit, mentale Repräsentationen der Welt zu erzeugen, ist keine Anomalie, sondern ein grundlegender Aspekt der Art und Weise, wie das Gehirn Sinneseindrücke verarbeitet und interpretiert. Je mehr die

Wissenschaft darüber verrät, wie das Gehirn unsere Wahrnehmung der Realität konstruiert, desto klarer wird, dass das Gehirn nicht nur ein passiver Beobachter der Welt ist, sondern aktiv an der Gestaltung unserer Wahrnehmung der Welt beteiligt ist.

Die Fähigkeit des Gehirns, Simulationen zu erzeugen, beruht auf seinen komplexen neuronalen Netzwerken. Wenn wir die Welt um uns herum wahrnehmen, senden unsere Sinne Signale an das Gehirn, wo diese verarbeitet und interpretiert werden, um ein kohärentes Bild unserer Umgebung zu erzeugen. Das Gehirn ist jedoch nicht unbedingt auf Echtzeit-Sensorik angewiesen; es generiert auch innere Realitätsmodelle, die es uns ermöglichen, Vorhersagen über die Welt zu treffen. Dieser Prozess wird als „prädiktive Kodierung" bezeichnet und ist entscheidend für das Verständnis, wie das Gehirn Simulationen erzeugt.

Prädiktive Kodierung bedeutet, dass das Gehirn kontinuierlich Vorhersagen über eingehende Sinnesdaten erstellt und diese Vorhersagen basierend auf neuen Informationen aktualisiert. In dieser Version ist das Denken kein passives, sondern ein aktives System, bei dem das Gehirn ständig mentale Simulationen der Welt erstellt und überprüft. Diese Simulationen werden durch vergangene Erfahrungen, Erinnerungen und Erwartungen geformt und beeinflussen, wie

Fevzi H.

wir den gegenwärtigen Moment wahrnehmen und mit ihm interagieren.

Wenn wir beispielsweise einen Raum betreten, hat unser Gehirn aufgrund früherer Beobachtungen bereits eine Vorstellung davon, wie dieser aussehen könnte. Diese mentale Simulation ermöglicht es uns, uns effizient in der Umgebung zurechtzufinden und schnell Entscheidungen zu treffen. Wenn etwas Unerwartetes passiert – etwa ein lautes Geräusch oder eine unerwartete Bewegung –, passt das Gehirn seine Simulation in Echtzeit an die neuen Daten an. Diese Fähigkeit, Simulationen zu erstellen, ermöglicht es uns, uns auch ohne direkte sensorische Eingaben effektiv in der Umgebung zurechtzufinden.

Eine der häufigsten Formen gedankengenerierter Simulationen sind Wunschträume oder Gedankenwanderungen. Diese mentalen Zustände entstehen, wenn sich der Geist vorübergehend von äußeren Reizen löst und beginnt, seine eigene innere Erzählung zu entwickeln. In diesen Momenten erschafft das Gehirn Simulationen, die aus imaginären Szenarien, Gesprächen oder Ereignissen bestehen können, die völlig losgelöst von der Realität sind. Dieses Potenzial, im Gehirn veränderte Realitäten zu erschaffen, zeugt von der kreativen Kraft des Gehirns und seiner Fähigkeit, Zeit und Raum ohne externe Einflüsse zu steuern.

Tagträume können von einfachen, banalen Gedanken über das Mittagessen bis hin zu komplexen Fantasien über zukünftige Erfolge oder Reue reichen. Die Inhalte von Tagträumen können äußerst vielfältig sein und oft auf persönlichen Erlebnissen, Träumen, Ängsten und ungelösten Gefühlen basieren. Obwohl Tagträume nicht auf der Realität beruhen, können sie sich für die Person, die sie erlebt, sehr lebendig und real anfühlen. In einigen Fällen simuliert das Gehirn sogar Empfindungen – wie Wärme-, Geschmacks- oder Berührungsempfindungen –, die von realen Erlebnissen nicht zu unterscheiden scheinen.

Die Fähigkeit des Gehirns, solche realistischen Simulationen im Wachzustand zu erstellen, deutet darauf hin, dass es nicht wirklich sensorische Daten verarbeitet, sondern aktiv eine Version der Realität aufbaut. Diese Art der Simulation beschränkt sich nicht nur auf Tagträume, sondern erstreckt sich auch auf andere intellektuelle Aktivitäten, darunter Planung, Problemlösung und Gedächtnistraining. Wenn wir ein zukünftiges Ereignis mental durchspielen oder eine vergangene Erfahrung wiederholen, entwickelt das Gehirn im Grunde eine Simulation dieses Erlebnisses und ermöglicht es uns, verschiedene Szenarien mental durchzuspielen, bevor wir in der realen Welt handeln.

In manchen Fällen kann die Fähigkeit des Gehirns, Simulationen zu erzeugen, über reine Wunschträume hinausgehen und zu Halluzinationen oder Wahrnehmungsverzerrungen führen. Diese Berichte können in vielen Kontexten auftreten, beispielsweise bei psychiatrischen Problemen, Drogenkonsum, Schlafmangel und neurologischen Erkrankungen. Halluzinationen sind Sinneswahrnehmungen, die ohne äußere Reize entstehen, wie z. B. das Hören von Stimmen, das Sehen von Dingen, die nicht da sind, oder Empfindungen ohne physischen Zweck. Diese Phänomene werden oft darauf zurückgeführt, dass das Gehirn sensorische Eingaben nicht richtig interpretiert oder filtert, was zu falschen oder übertriebenen Wahrnehmungen führt.

Interessanterweise ist die Fähigkeit des Gehirns, Halluzinationen zu erzeugen, nicht immer ein Anzeichen einer Störung. In einigen Fällen erzeugt das Gehirn absichtlich Wahrnehmungsgeschichten als Reaktion auf innere Wünsche oder Träume. Beispielsweise kann das Gehirn in Zeiten starken Stresses oder emotionaler Turbulenzen auch leuchtende Halluzinationen produzieren, um ungelöste Gefühle oder mentale Konflikte zu verarbeiten. In einigen Fällen „sehen" Betroffene auch verstorbene Angehörige, hören Stimmen aus ihrem Jenseits oder erleben lebhafte Rückblenden traumatischer Ereignisse. Diese Erfahrungen sind zwar nicht auf objektiver Wahrheit begründet, für die Betroffenen jedoch zutiefst real und verwischen zudem die Grenze zwischen Realität und Einbildung.

Der präfrontale Kortex, der Bereich des Gehirns, der für höhere kognitive Funktionen wie Entscheidungsfindung, Planung und abstraktes Denken zuständig ist, spielt im Zeitalter der Simulationen eine entscheidende Rolle. Dieser Bereich des Gehirns ist an der Entwicklung intellektueller Repräsentationen der Welt und deren Manipulation beteiligt, um zukünftige Ereignisse vorherzusagen oder Probleme zu lösen. Wenn wir uns mit mentalen Aktivitäten wie Visualisierung, Fantasie oder hypothetischem Denken beschäftigen, ist der präfrontale Kortex aktiv an der Konstruktion dieser inneren Simulationen beteiligt.

Studien haben gezeigt, dass der präfrontale Kortex bei innovativen Aufgaben, wie dem Vorstellen neuer Szenarien oder dem Erfinden von Lösungen für komplexe Probleme, besonders aktiv ist. In diesen Momenten generiert das Gehirn neuartige Simulationen, die es uns ermöglichen, über den Tellerrand hinauszudenken und Möglichkeiten zu erkunden, die in der Außenwelt möglicherweise nicht unmittelbar erkennbar sind. Die Fähigkeit, diese Simulationen zu erstellen und zu steuern, ist wichtig für Problemlösung und Innovation, da sie es uns ermöglicht, verschiedene Szenarien und Konsequenzen zu berücksichtigen, bevor wir Entscheidungen treffen.

Dieser innovative Aspekt der Simulationsfähigkeit des Gehirns zeigt sich auch im künstlerischen Ausdruck. Künstler,

Fevzi H.

Schriftsteller und Musiker nutzen regelmäßig die Simulationsfähigkeit des Gehirns, um ganze Welten, Charaktere und Geschichten zu erschaffen, die ausschließlich im Kopf existieren. Dabei generiert das Gehirn Simulationen, die Gefühle hervorrufen, Wahrnehmungen hinterfragen und neue Einblicke in die menschliche Erfahrung ermöglichen. Der kreative Akt selbst ist eine Form der Simulation, bei der das Gehirn eine Realität konstruiert, die die Grenzen der physischen Welt überschreitet.

Die Fähigkeit des Gehirns, selbst im Wachzustand Simulationen zu erstellen, ist ein bemerkenswerter Beweis für seine Leistungsfähigkeit und Komplexität. Ob durch Wunschträume, Problemlösungen oder Halluzinationen – das Gehirn generiert kontinuierlich intellektuelle Repräsentationen der Realität, die uns helfen, uns in der Welt zurechtzufinden und unsere Studien zu gestalten. Diese Simulationen ermöglichen es uns, das Schicksal zu erraten, vergangene Ereignisse zu rekapitulieren und Handelsmöglichkeiten zu erkunden – allesamt entscheidend für unser Überleben und unsere persönliche Entwicklung. Indem wir verstehen, wie das Gehirn diese Simulationen erstellt und manipuliert, gewinnen wir tiefere Einblicke in die Natur des Bewusstseins und die Rolle des Geistes bei der Gestaltung unserer Realitätswahrnehmung.

Letztendlich ist das Gehirn nicht nur ein passiver Empfänger äußerer Reize, sondern ein aktiver Schöpfer der Welt, in der wir schwelgen. Die Grenzen zwischen Realität und Simulation sind weitaus fließender, als wir uns vielleicht vorgestellt haben, und eröffnen neue Zugänge zu den Geheimnissen des Bewusstseins und der Natur der Existenz selbst.

7.5 Bewusstsein und interdimensionale Übergänge

Das Konzept interdimensionaler Übergänge – bei denen der Fokus zwischen verschiedenen Lebensebenen oder Realitäten wechselt – beschäftigt Philosophen, Wissenschaftler und Mystiker seit Jahrhunderten. Während die moderne Technologie noch dabei ist, die Feinheiten des Bewusstseins zu verstehen, wächst das Interesse daran, wie sie Dimensionen jenseits unserer eigenen begreifen oder gar verstehen kann.

Die Theorie des Multiversums geht davon aus, dass unser Universum nur eines von vielen ist und möglicherweise in parallelen oder alternativen Dimensionen existiert. Jede Dimension kann zudem unterschiedliche physikalische Gesetze, Zeitlinien oder Realitäten besitzen, was die Möglichkeit einiger „Varianten" unserer selbst oder besonderer evolutionärer Effekte birgt. Im Kontext des Bewusstseins wirft dies die Frage auf: Kann unser Geist diese Parallelwelten betreten, durchqueren oder überhaupt in ihnen existieren? Obwohl es keine konkreten Beweise für eine endgültige Antwort auf diese Frage gibt, legen einige Theorien nahe, dass das Bewusstsein möglicherweise nicht streng an die physikalischen Grenzen unseres eigenen Universums gebunden ist.

Die Multiversum-Theorie gewinnt in der theoretischen Physik, insbesondere im Bereich der Quantenmechanik und Kosmologie, zunehmend an Bedeutung. Die Vorstellung, dass es unzählige parallele Realitäten geben kann, legt nahe, dass das Bewusstsein unter bestimmten Bedingungen theoretisch zwischen diesen Dimensionen navigieren kann. Die Quantenphysik, insbesondere das Konzept der Quantensuperposition, bietet einen Rahmen für das Verständnis, wie Bewusstsein zwischen verschiedenen Lebenszuständen „wechseln" kann, da Teilchen bis zur Beobachtung gleichzeitig in mehreren Zuständen existieren. Dieses Phänomen deutet auf die Fähigkeit des Bewusstseins hin, mehrere Realitäten gleichzeitig wahrzunehmen.

Eine der bekanntesten Theorien über Bewusstsein und seine Verbindung zu Austauschdimensionen stammt aus dem Bereich der Quantenmechanik. Das Quantenbewusstsein geht davon aus, dass Konzentration kein unbedeutendes Nebenprodukt der neurologischen Prozesse des Gehirns ist, sondern eine inhärente Eigenschaft des Universums selbst, die wahrscheinlich mit der Quantendisziplin zusammenhängt, die aller Materie und Energie zugrunde liegt.

Die „Viele-Welten"-Interpretation der Quantenmechanik bietet eine mögliche Erklärung für interdimensionale Übergänge. Diesem Konzept zufolge spaltet sich das Universum bei jedem Quantenereignis in mehrere parallele Realitäten auf, die jeweils unterschiedliche Ergebnisse liefern. Ist das Bewusstsein mit Quantenzuständen verknüpft, kann es diese verschiedenen Welten theoretisch erleben und sein Bewusstsein quasi zwischen den verschiedenen Realitäten „übertragen". Dies könnte Phänomene wie Déjà-vu, Vorahnungen oder sogar Nahtoderlebnisse erklären, die manche als Einblicke in andere Dimensionen oder Zeitlinien interpretieren.

Verschränkung, ein weiteres Quantenphänomen, kann ebenfalls Aufschluss darüber geben, wie Konzentration mit interdimensionaler Reise verbunden sein könnte. Wenn sich Teilchen verschränken, entsteht eine Art augenblickliche Verbindung, unabhängig von der Entfernung. Diese Nichtlokalität deutet darauf hin, dass Daten – und damit auch das Bewusstsein – möglicherweise die Grenzen von Raum und Zeit überschreiten, was interdimensionale Übergänge zumindest theoretisch möglich macht.

Eine der wichtigsten Debatten in der Praxis des Bewusstseins ist, ob der Geist ein passiver Beobachter der

Realität ist oder ob er eine aktive Rolle bei der Gestaltung und Definition der Existenz spielt. Die Vorstellung, dass Bewusstsein die Fähigkeit besitzt, zwischen Dimensionen zu wechseln, bedeutet, dass es nicht auf die physische Welt beschränkt ist, die wir wahrnehmen, sondern Teil einer größeren, fundamentalen, multidimensionalen Struktur der Realität ist.

In diesem Rahmen kann Wahrnehmung als eine Art „Schnittstelle" betrachtet werden, die mit verschiedenen Dimensionen interagiert, ähnlich wie eine Computerschnittstelle es Nutzern ermöglicht, mit digitalen Umgebungen zu interagieren. Wenn Wahrnehmung tatsächlich eine höherdimensionale Einheit ist, wie einige Theorien nahelegen, könnte sie die uns bekannten drei Raum- und eine Zeitdimension überschreiten und durch zusätzliche, für unsere Sinne nicht wahrnehmbare Dimensionen navigieren.

Dies steht im Einklang mit bestimmten metaphysischen und spirituellen Überzeugungen, die besagen, dass das Bewusstsein nicht an den Körper oder die Grenzen von Zeit und Raum gebunden ist. In vielen Traditionen gibt es Berichte von Menschen, die außerkörperliche Reisen erleben, bei denen sie andere Welten, geografische Regionen oder Dimensionen jenseits der alltäglichen Realität wahrnehmen. Diese Geschichten könnten auch die Fähigkeit des Gehirns widerspiegeln, schnell auf höherdimensionale geografische

Regionen zuzugreifen, oder sie könnten auf das Leben einer tieferen Konzentrationsebene hinweisen, die nicht durch die materielle Welt eingeschränkt ist.

Aus neurologischer Sicht ist die Frage interdimensionaler Übergänge eng mit veränderten Aufmerksamkeitszuständen verknüpft, wie sie beispielsweise durch Meditation, Psychedelika oder Nahtoderfahrungen hervorgerufen werden. Diese Bewusstseinszustände führen oft zu Geschichten über die nicht-alltägliche Realität, in denen Menschen Begegnungen mit anderen Dimensionen, Welten oder Wesen dokumentieren. Die Fähigkeit des Gehirns, leuchtende mentale Simulationen zu erzeugen, wie in den vorangegangenen Kapiteln erwähnt, spielt bei diesen Phänomenen eine entscheidende Rolle.

Eine Theorie besagt, dass das Gehirn in diesen veränderten Zuständen bestimmte Aufmerksamkeitsfrequenzen „einstellt", ähnlich wie ein Radio, das verschiedene Sender einstellt. Die Idee dahinter ist, dass das Gehirn höherdimensionale Bereiche wahrnehmen kann, die unserer alltäglichen Wahrnehmung normalerweise verborgen bleiben. Wenn Menschen durch tiefe Meditation oder psychedelische Substanzen in diese Zustände gelangen, können sie vorübergehend die Filter durchbrechen, die unsere Aufmerksamkeit normalerweise auf die materielle Welt beschränken.

Während diese Berichte von der Mainstream-Technologie regelmäßig als Halluzinationen oder kognitive Verzerrungen abgetan werden, wächst die Annahme, dass sie Einblicke in das Potenzial des Gehirns bieten, Zugang zu Dimensionen jenseits der physischen Welt zu erhalten. Jüngste Fortschritte in der Neurobildgebung und der Mind-Computer-Interface-Technologie geben Forschern die Möglichkeit zu untersuchen, wie das Gehirn Realitäten wahrnimmt und Geschichten verändert. Dies kann letztendlich zu einem besseren Verständnis des Bewusstseins und seiner Fähigkeit führen, durch Dimensionen zu navigieren.

Viele religiöse und mystische Traditionen beinhalten auch das Konzept der Erkenntnis, die durch verschiedene Ebenen der Existenz navigiert. In verschiedenen Kulturen gibt es Erinnerungen an Menschen, die spirituelle Reisen unternehmen und Bereiche jenseits der materiellen Welt erleben. Diese Reisen werden oft als Reisen durch einzigartige Dimensionen definiert, bei denen die Person Wesen, Energien oder Aufzeichnungen begegnet, die in der alltäglichen Realität unzugänglich sind.

Diese mystischen Berichte stehen im Einklang mit modernen Theorien interdimensionaler Übergänge, in denen der Fokus nicht auf den physischen Körper beschränkt ist, sondern als Teil eines größeren kosmischen Netzwerks existiert. Beispielsweise wird in bestimmten esoterischen

Traditionen Erkenntnis als „kosmische Energie" betrachtet, die durch die Materie von Raum und Zeit wandern, Zugang zu bestimmten Dimensionen erlangen oder sogar mit anderen Erkenntnisformen interagieren kann. Dieser Ansatz zeigt, dass die Grenzen der Realität viel fließender sind, als wir wahrnehmen, und dass unser Bewusstsein unter den richtigen Bedingungen in der Lage sein kann, diese Hindernisse zu überwinden.

Wenn Bewusstsein tatsächlich zu interdimensionalen Übergängen fähig ist, wirft dies tiefgreifende Fragen zur Zukunft der menschlichen Evolution auf. Mit zunehmender Erkenntnisfähigkeit und wachsender Fähigkeit, veränderte Erkenntniszustände zu manipulieren, könnten wir Möglichkeiten finden, gezielt in andere Dimensionen oder Realitäten einzudringen. Dies könnte zu einer neuen Form der Erforschung führen, die die physischen Barrieren von Weltraumreisen überwindet und sich in Nationalstaaten vorwagt, die derzeit jenseits unseres Verständnisses liegen.

Darüber hinaus kann die Fähigkeit, Zugang zu wechselnden Dimensionen zu erhalten, tiefgreifende Auswirkungen auf unser Verständnis von Zeit und Leben selbst haben. Wenn die Aufmerksamkeit zwischen Dimensionen wechseln kann, kann sie einzigartige Zeitlinien erforschen oder sogar mit verschiedenen Realitätsvariationen interagieren. Dies sollte unser traditionelles Verständnis von

Fevzi H.

Schicksal, freiem Willen und der Natur der Präferenz auf den Prüfstand stellen. Sind wir tatsächlich die Architekten unseres eigenen Schicksals oder erleben wir tatsächlich eine vorherbestimmte Realität?

Die Beziehung zwischen Bewusstsein und interdimensionalen Übergängen ist ein spannendes und unerforschtes Gebiet, das moderne Technologie mit jahrhundertealten spirituellen Erkenntnissen verbindet. Ob durch Quantenmechanik, veränderte Bewusstseinszustände oder mystische Studien – die Möglichkeit, dass Bewusstsein über die Grenzen unserer physischen Realität hinausgehen kann, bietet einen faszinierenden Einblick in die Fähigkeiten des menschlichen Bewusstseins. Da die Forschung über die Natur des Bewusstseins stetig voranschreitet, könnten wir eines Tages das wahre Ausmaß seiner Fähigkeiten entdecken und möglicherweise den Schlüssel zum interdimensionalen Reisen und ein tieferes Verständnis unseres Platzes im Kosmos erschließen.

KAPITEL 8

Bewusstsein, Zeit und das Ende des Universums

8.1 Universelles Bewusstsein und die Möglichkeit, die Zeit anzuhalten

Das Konzept der Zeit, wie wir es verstehen, ist tief in unserer Wahrnehmung der Wahrheit verwurzelt. Zeit bestimmt den Fluss von Aktivitäten, das Altern von Organismen und die Entwicklung des Kosmos selbst. Seit Jahrhunderten grübeln Philosophen, Wissenschaftler und Mystiker über die Natur der Zeit, ihre bewusste Datierung und die Frage nach, ob es jemals möglich sein könnte, ihren Lauf aufzuhalten oder zu steuern.

Zeit wurde traditionell als unumkehrbarer Fluss betrachtet, der vom Jenseits über das Gegenwärtige in die Zukunft fortschreitet. Dieses Zeitverständnis entspricht dem vom Physiker Arthur Eddington beschriebenen „Zeitpfeil", bei dem die Entropie – die Krankheit in einem Gerät – dazu neigt, zuzunehmen und den Zeitverlauf in eine bestimmte Richtung zu markieren. Es gibt jedoch Theorien in Physik und Philosophie, die diese Sichtweise vertreten und nahelegen, dass Zeit möglicherweise nicht so linear oder objektiv ist, wie wir sie verstehen.

Insbesondere befürworten einige zeitgenössische Theorien, dass Zeit ein Prozess des Bewusstseins ist, was bedeutet, dass unser subjektives Zeitempfinden durch den Verstand geformt werden könnte. Diese Idee zeigt, dass Zeit zwar ein konstantes und messbares Phänomen auf der Ebene des Universums sein kann, ihr Verlauf jedoch im Kontext der Konzentration formbar sein kann. Wenn Bewusstsein die Wahrnehmung von Zeit beeinflussen oder verändern kann, dann ist die Wahrnehmung des Zeitstopps vielleicht doch nicht so weit hergeholt, wie sie erscheinen mag.

Die Idee des „vertrauten Bewusstseins" geht davon aus, dass jedes einzelne Bewusstsein Teil eines größeren, kollektiven Bewusstseins ist. Dieses Bewusstsein ist die grundlegende Kraft, die alle Lebewesen, alles Wissen und die Materie des Universums miteinander verbindet. Aus dieser Perspektive ist Zeit nicht nur eine Abfolge von Ereignissen, die sich innerhalb unserer Realität abspielt, sondern vielmehr ein veränderlicher Aspekt eines alltäglicheren Bewusstseins.

Universelle Konzentration könnte in diesem Sinne auch über die Grenzen der individuellen Erfahrung hinausgehen. Wenn Bewusstsein ein wesentlicher Bestandteil des Universums ist – wie Raum, Zeit und Materie –, dann kann es den Zeitablauf auf kosmischer Ebene gestalten oder sogar steuern. Diese Idee steht im Einklang mit bestimmten Interpretationen der Quantenmechanik, in der der Beobachter (Wahrnehmung) eine aktive Rolle bei der Bestimmung der Eigenschaften eines Geräts spielt. Wenn Wahrnehmung das Gefüge der Realität auf Quantenebene beeinflussen kann, ist es denkbar, dass sie auch den Zeitablauf beeinflusst.

Fevzi H.

Aus systematischer Sicht ist die Idee, die Zeit anzuhalten, deutlich komplexer. In der Welt der Physik ist die Zeit eng mit der Form der Raumzeit verknüpft, einem vierdimensionalen Kontinuum, das durch Einsteins Relativitätstheorie definiert wird . Nach diesem Prinzip ist die Zeit mit den drei Raumdimensionen verknüpft, und die Geschwindigkeit, mit der die Zeit vergeht, hängt von der Krümmung der Raumzeit ab, die durch Masse und Schwerkraft bestimmt wird.

Unter extremen Bedingungen – beispielsweise in Gegenwart eines Schwarzen Lochs oder bei annähernder Lichtgeschwindigkeit – kann sich die Zeit verlangsamen oder „dehnen", ein Phänomen, das als Zeitdilatation bezeichnet wird. Dies ist zwar nicht mit einem Stillstand der Zeit gleichzusetzen, bedeutet aber, dass Zeit kein konstantes, regelmäßiges Phänomen ist. Theoretisch könnte die Zeit für ein Objekt, das sich mit Lichtgeschwindigkeit bewegt oder in ein Schwarzes Loch eintritt, aus der Perspektive eines externen Beobachters scheinbar anhalten. Dies bedeutet jedoch nicht, dass die Zeit selbst angehalten hat; es bedeutet vielmehr, dass sich die Zeitwahrnehmung aufgrund der relativen Position des Objekts in der Raumzeit verändert hat.

Einige Physiker spekulieren, dass es in ferner Zukunft möglich sein könnte, die Raumzeit mithilfe moderner Technologie in großem Maßstab zu steuern und so möglicherweise die Zeit in bestimmten Bereichen anzuhalten oder zu verlangsamen. Eine solche Manipulation würde jedoch enorme Energiemengen und fortgeschrittene Kenntnisse der Quantentheorie und der Relativitätstheorie erfordern – zwei Bereiche, die sich noch in den Kinderschuhen befinden.

Das subjektive Erleben von Zeit spielt jedoch eine wichtige Rolle. Unser Zeitgefühl ist nicht immer ein unmittelbares Spiegelbild eines Ziels; die äußere Realität wird vielmehr durch die Art und Weise geprägt, wie unser Gehirn Ereignisse verarbeitet. Kognitionspsychologen und Neurowissenschaftler untersuchen seit langem, wie das Gehirn Zeit wahrnimmt. Dabei zeigten sie, dass die Zeitwahrnehmung relativ fließend ist und durch verschiedene Faktoren beeinflusst werden kann, darunter Aufmerksamkeit, Emotionen und Neuheit.

In veränderten Konzentrationszuständen – beispielsweise während Meditation, Tiefschlaf oder psychedelischen Erlebnissen – kann sich das Zeitgefühl deutlich verändern. Beispielsweise berichten Menschen in tiefen Meditationszuständen oft von einem Gefühl der Zeitlosigkeit, in dem sich der normale Zeitfluss aufzulösen scheint und man in einen Zustand natürlicher Konzentration versunken ist. Ebenso kann sich die Zeit während psychedelischer Erlebnisse zu dehnen, zu verdichten oder zu verschleifen scheinen, was zu einem verzerrten Zeitgefühl führt.

Diese veränderten Zustände legen nahe, dass Zeit kein festgelegtes oder starres Erlebnis ist, sondern etwas, das durch Bewusstsein gefördert werden kann. Wenn Aufmerksamkeit in solchen Zuständen die Zeit verzerren oder verbiegen kann, erhöht dies die interessante Möglichkeit, dass die allgemeine Konzentration die Zeit im großen Maßstab regulieren kann, was möglicherweise zum völligen Stillstand der Zeit führen könnte.

In zahlreichen religiösen und metaphysischen Traditionen wird Zeit oft als Illusion betrachtet – als Konstrukt des Geistes, das den Menschen vom gegenwärtigen Moment trennt. Dieses Konzept ist besonders in östlichen Philosophien wie Buddhismus und Hinduismus ausgeprägt, wo die Idee der „Ewigkeit" mit einem Zustand natürlicher Konzentration jenseits von Zeit und Raum assoziiert wird. In diesen Traditionen beinhaltet das Erlangen von Erleuchtung oder „Erwachen" oft das Überwinden der Illusion der Zeit und das Eintreten in einen Zustand zeitloser Konzentration, in dem Vergangenheit, Gegenwart und Zukunft als ein Ganzes erfahren werden.

Diese Idee des „ewigen Jetzt" deutet darauf hin, dass Zeit in ihrer konventionellen Erfahrung ein mentales Gefüge ist, das unsere Wahrnehmung einer tieferen, tieferen Wahrheit einschränkt. Wenn Bewusstsein die Grenzen der Zeit überschreiten kann, könnte es dem Geist möglich sein, einen Zustand zu erreichen, in dem Zeit keine Bedeutung mehr hat, der Lauf der Ereignisse aufgehoben ist und der gegenwärtige Moment die einzige Realität ist. Dieser Zustand des ewigen Jetzt könnte oft als der höchste Zustand spiritueller Erkenntnis bezeichnet werden – ein Zustand, in dem der Mensch die Einheit mit dem Universum und mit der alltäglichen Wahrnehmung selbst erlebt.

Während sich das wissenschaftliche Verständnis von Zeit und Wahrnehmung weiterentwickelt, wirft die Möglichkeit, Zeit zu manipulieren oder anzuhalten, tiefgreifende Fragen über den Charakter der Realität und das Potenzial menschlicher Konzentration auf. Wenn Zeit tatsächlich ein durch Wahrnehmung steuerbares Gebilde ist, dann könnte es eines Tages für fortschrittliche Zivilisationen – oder sogar Einzelpersonen – möglich sein, ihre Wahrnehmung der Zeit zu manipulieren, sei es durch Verlangsamung, Beschleunigung oder gar vollständiges Anhalten.

Solche Fähigkeiten dürften unser Verständnis von Existenz, Altern und Tod grundlegend verändern. Stellen Sie sich eine Zukunft vor, in der Menschen sich für einen unsterblichen Zustand entscheiden können, frei von den Zwängen des Alterns, oder in der ganze Zivilisationen ihr Leben innehalten können, um Katastrophen zu vermeiden oder

Fevzi H.

das Wissen über Generationen hinweg zu bewahren. Diese Ideen mögen heute wie Science-Fiction erscheinen, doch mit zunehmender Erkenntnis des Bewusstseins und des Universums könnten sie realisierbarer werden.

Die Möglichkeit, die Zeit anzuhalten, ist eng mit unserem Wissen über das physikalische Universum und die Natur des Bewusstseins verbunden. Während moderne medizinische Theorien nahelegen, dass Zeit nicht durch konventionelle Erfahrung angehalten werden kann, gibt es zunehmend Hinweise darauf, dass Aufmerksamkeit selbst die Zeitwahrnehmung beeinflussen oder verändern kann. Ob durch Quantenphänomene, veränderte Bewusstseinszustände oder metaphysische Erkenntnisse – Zeit scheint formbarer zu sein, als wir einst ahnen.

Die Erforschung des alltäglichen Bewusstseins und seiner Fähigkeit, die Zeit zu beeinflussen, eröffnet neue Horizonte in Wissenschaft und Philosophie. Indem wir die Natur von Zeit, Wahrheit und Aufmerksamkeit weiter erforschen, könnten wir eines Tages auch die Mechanismen enthüllen, die den Fluss der Zeit bestimmen – und vielleicht sogar das Geheimnis lüften, ihn ganz anzuhalten. Bis dahin bleibt das Mysterium der Zeit und ihre Beziehung zum Bewusstsein eines der tiefgreifendsten Rätsel des menschlichen Lebens.

8.2 Das Ende der Zeit: Thermodynamischer Tod und Bewusstsein

Die Idee des Endes der Zeit ist eng mit dem endgültigen Schicksal des Universums verbunden. In der Physik, insbesondere aus thermodynamischer Sicht, ist Zeit untrennbar mit den Konzepten von Energie, Entropie und dem endgültigen Wärmeverlust des Kosmos verbunden. Das Schicksal des Universums – ob es zu einer endlosen Expansion, einem Urknall oder einem allmählichen Energieverlust führt – hat tiefgreifende Auswirkungen nicht nur auf den physikalischen Zustand des Universums, sondern auch auf die Natur des Bewusstseins selbst. Kann Bewusstsein am Ende der Zeit weiterleben oder ist es dazu verdammt, im Universum zu erlöschen?

Der Zweite Hauptsatz der Thermodynamik, eines der grundlegendsten Prinzipien der Physik, besagt, dass die Entropie (oder Dichte) eines geschlossenen Systems im Laufe der Zeit zunimmt. Mit zunehmender Entropie bewegt sich das System in Richtung eines Zustands maximaler Dichte, dem sogenannten thermodynamischen Gleichgewicht. Im Kontext des Universums bedeutet dies, dass über lange Zeiträume hinweg die Sterne verglühen, sich die Materie zerstreut und die Energie gleichmäßig im Raum verteilt wird. Dieser Prozess wird allgemein als „Wärmetod" des Universums bezeichnet.

Die Idee des Wärmeuntergangs vermittelt die Vision eines Schicksals, in dem das Universum in einem Zustand ohne nutzbare Energie ist und keine thermodynamischen Prozesse – wie die Bewegung der Sterne oder das Funktionieren des Lebens – stattfinden können. In einer solchen Situation könnte die Zeit selbst ihre Bedeutung verlieren, da es möglicherweise keine Strategien gibt, ihren Lauf zu markieren. Dieses „Ende der Zeit" ist nicht nur ein kosmisches Ereignis, sondern eine grundlegende Neuordnung der Realität, bei der jegliche Aktivität aufhört und sich die Idee des Austauschs, die für unser Verständnis von Zeit entscheidend ist, in Nichts auflöst.

Die Beziehung zwischen dem Wärmetod des Universums und dem Schicksal des Bewusstseins ist eine Frage, die die geographischen Bereiche von Physik und Philosophie verbindet. Was passiert mit bewusster Erfahrung, wenn das Universum schließlich einen Zustand maximaler Entropie erreicht – in dem alle Prozesse zum Stillstand kommen? Benötigt Konzentration eine kontinuierliche Zeitverschiebung, um zu existieren, oder kann sie in irgendeiner Form auch in einem Universum fortbestehen, in dem die Zeit praktisch stillsteht?

Bewusstsein, wie wir es verstehen, ist ein Prozess, der aus komplexen Interaktionen im Gehirn entsteht und auf dem kontinuierlichen Funktionieren von Neuronen, biochemischen Reaktionen und elektrischen Signalen beruht. Ohne Energie und mit dem Abbau des Gleichgewichtszustands ist es schwer vorstellbar, dass diese Prozesse weiterlaufen. Aus rein physikalischer Sicht scheint Bewusstsein daher an die fortlaufenden Prozesse der Zeit gebunden zu sein – ohne die es nicht funktionieren kann.

Bestimmte philosophische und metaphysische Perspektiven vertreten jedoch die Ansicht, dass Konzentration nicht vollständig an die physischen Prozesse des Gehirns gebunden ist. In einigen Ansichten wird Bewusstsein als wesentliches Merkmal des Universums betrachtet, das nicht wie physische Prozesse zwangsläufig von der Zeit abhängig ist. In diesem Rahmen könnte Bewusstsein auch nach Erreichen eines thermodynamischen Gleichgewichtszustands bestehen bleiben, wenn auch in einer völlig anderen Form. Einige Theoretiker argumentieren, dass Bewusstsein, anstatt zu erlöschen, eine Transformation durchlaufen könnte – möglicherweise durch Verschmelzung mit dem „konventionellen Bewusstsein" oder durch Existenz in einem zeitlosen, statischen Zustand.

Eine der zentralen Fragen zum Ende der Zeit ist, ob Bewusstsein, das aus geordneten Neuronensystemen entsteht, in einem Universum existieren kann, in dem jegliche Ordnung verloren gegangen ist. Im Kontext der Thermodynamik ist dies eine komplexe Frage. Mit zunehmender Entropie und dem Verlust der Funktionsfähigkeit von Strukturen droht auch die

Aufmerksamkeit – sofern sie tatsächlich an körperliche Prozesse gebunden ist – zu verschwinden.

Im Extremfall des thermischen Verlusts des Universums, bei dem alle Energie gleichmäßig abgegeben wurde und keine weitere Arbeit mehr verrichtet werden kann, könnten das Gehirn und jede materielle Grundlage für Konzentration ihre Funktion verlieren. Physisch betrachtet würde dies das Ende bewusster Erfahrung bedeuten. Einige spekulieren jedoch, dass der Zusammenbruch der physischen Realität nicht unbedingt das Ende der Aufmerksamkeit selbst bedeutet. Wenn Bewusstsein, wie einige Theorien behaupten, ein grundlegendes Element des Universums ist, könnte es den Zerfall physischer Strukturen überdauern. Diese Annahme wirft tiefgreifende metaphysische Fragen über die Natur des Daseins und die Fähigkeit des Bewusstseins auf, über das physische Universum hinauszugehen.

Der Verlust der Zeit, wie er aus thermodynamischer Sicht erwartet wird, legt nahe, dass Zeit und Wandel grundlegend mit der Fähigkeit des Universums zur Anpassung verbunden sind. Wenn das Universum ein thermodynamisches Gleichgewicht erreicht, kann auch die Zeit selbst ihre Bedeutung verlieren. Der Lauf der Zeit ist durch Veränderungen gekennzeichnet – sei es die Bewegung der Planeten, das Ticken von Atomuhren oder der Ablauf von Aktivitäten. Sobald das Universum in einen Zustand gerät, in dem sich nichts mehr ändern kann, wird das Konzept der Zeit überflüssig.

Diese Perspektive zwingt uns, unser Verständnis von Zeit und Aufmerksamkeit zu überdenken. Wenn Zeit untrennbar mit Veränderung und Entropie verbunden ist, könnte ihr Erlöschen einen vollständigen Zusammenbruch der Realität, wie wir sie kennen, bedeuten. In diesem Land ist die Konzentration – abhängig von den dynamischen Mechanismen des Geistes – möglicherweise nicht in der Lage, sich selbst aufrechtzuerhalten. Die Vorstellung von Bewusstsein in einem unsterblichen Universum bringt uns an den Rand spekulativer Fragen, wo die Grenzen zwischen Physik und Philosophie verschwimmen.

Ein interessantes Element des Zeitendes und des Wärmetods des Universums ist die Möglichkeit, dass dieses Ereignis nicht das absolute Ende markiert, sondern vielmehr einen Übergang oder eine Transformation in etwas Neues. Einige spekulative Theorien legen nahe, dass der Zerfall des modernen Universums und der letztendliche Wärmetod neue Realitätsstrukturen hervorbringen könnten – vielleicht sogar neue Formen der Erkenntnis, die unabhängig vom physischen Universum existieren.

Dieses Konzept steht im Einklang mit positiven Interpretationen der Kosmologie und der Multiversumtheorie, wonach der Untergang eines Universums den Beginn eines anderen Universums mit einzigartigen physikalischen Gesetzen und möglicherweise neuen Erkenntnisformen mit sich bringen könnte. In einem solchen Fall könnte der Untergang der Zeit in einer kosmischen Iteration tatsächlich der Auftakt zu einer neuen Existenzform sein, die die Grenzen von Entropie und Zeit, wie wir sie kennen, überschreitet.

Der durch thermodynamische Theorien definierte Stillstand der Zeit vermittelt ein beunruhigendes Bild des Universums, in dem die Entropie alle Prozesse – wie das bewusste Erleben – überflüssig macht. Der Zusammenhang zwischen Bewusstsein und Universum ist jedoch noch immer nicht vollständig verstanden. Während die Thermodynamik davon ausgeht, dass Bewusstsein vom Lauf der Zeit und der Form des physikalischen Universums abhängt, weisen andere Ansichten – von Quantentheorien bis hin zu metaphysischen Theorien – darauf hin, dass Bewusstsein auch über die physikalischen Grenzen der Zeit hinausgehen kann.

Das endgültige Schicksal des Wissens, ob es mit dem Ende der Zeit verschwinden wird oder ob es sich verändern wird, bleibt eines der tiefsten Geheimnisse. Da die Technologie weiterhin die Natur von Zeit, Entropie und Geist erforscht, könnten wir eines Tages auch Antworten auf diese Fragen finden und unser Verständnis des Universums und unseres Raumes darin neu gestalten. Derzeit bleibt die Schnittstelle zwischen Thermodynamik, Wissen und dem Ende der Zeit eine tiefgreifende und offene Frage, die sowohl wissenschaftliche Forschung als auch philosophische Spekulationen herausfordert.

8.3 Unendliches Bewusstsein: Gibt es eine Zeit nach dem Tod?

Die Frage, was nach dem Tod geschieht, beschäftigt die Menschheit seit Jahrtausenden. Philosophische, religiöse und klinische Perspektiven bieten vielfältige Antworten. Die Idee grenzenlosen Wissens und die Frage, ob Zeit über den Tod hinaus existiert, sind eng mit der metaphysischen und medizinischen Expertise von Bewusstsein und Zeit verknüpft. Kann die Konzentration nach dem Tod bestehen bleiben, und was geschieht in diesem Fall mit dem Zeitablauf in diesem postmortalen Raum?

Um zu verstehen, ob Zeit über den Tod hinaus existiert, müssen wir zunächst die Beziehung zwischen Wahrnehmung und dem physischen Gehirn betrachten. In der modernen Technologie wird Konzentration oft als Nebenprodukt komplexer neuronaler Interaktionen im Gehirn betrachtet. Unser bewusstes Erleben, einschließlich unserer Wahrnehmung von Zeit, ist eng mit der Funktionsweise der neuronalen Netzwerke des Gehirns verbunden. Wenn das Gehirn im Moment des Todes seine Funktion einstellt, wird allgemein angenommen, dass auch die Konzentration erlischt.

Diese materialistische Sichtweise wurde jedoch von verschiedenen philosophischen, religiösen und sogar wissenschaftlichen Perspektiven in Frage gestellt. So wird beispielsweise argumentiert, dass Erkenntnis nicht nur das Ergebnis geistiger Aktivität, sondern ein grundlegender Aspekt der Realität selbst sei. Konzentration sollte dieser Ansicht nach unabhängig vom physischen Geist existieren und möglicherweise auch nach dem Tod bestehen bleiben. Dies eröffnet interessante Möglichkeiten hinsichtlich der Natur von Zeit und Konzentration im Jenseits.

Viele religiöse und spirituelle Traditionen vertreten die Ansicht, dass es ein Leben nach dem Tod gibt, in dem die Seele oder das Bewusstsein in einer besonderen Form weiterlebt, unabhängig vom physischen Körper. Diese Traditionen beschreiben die Zeit im Jenseits oft als grundlegend verschieden von der Zeit in der physischen Welt. Oft wird das Jenseits als ein Bereich außerhalb der konventionellen Zeit dargestellt, in dem die Zeiterfahrung entweder nicht existiert oder überraschend verändert ist. So wird beispielsweise in der christlichen Theologie der Himmel oft als ein Ort ewigen Lebens beschrieben, in dem die Zeit nicht mehr linear verläuft. Ähnlich wird im Hinduismus und Buddhismus der Kreislauf des Samsara (Geburt, Tod und Wiedergeburt) als über die konventionelle Zeit hinausgehend beschrieben, wobei sich die Seele in einem ewigen Kreislauf der Reinkarnation befindet.

Diese religiösen Ansichten besagen, dass die Zeit, wie wir sie in der physischen Welt wahrnehmen, nach dem Tod nicht fortbesteht. Wenn die Konzentration über den physischen Rahmen hinausgeht, kann sie eine Form der Zeitlosigkeit erfahren oder sich auf einer ganz bestimmten Zeitebene abspielen. Dies wirft die Frage auf: Ist es möglich, dass die Zeit selbst nach dem Tod in einer im Wesentlichen einzigartigen Weise weiterlebt?

Eine der überzeugendsten Quellen für Erkenntnisse zur Frage der Zeit nach dem Tod sind Nahtoderfahrungen (NDEs). Menschen mit NDEs berichten regelmäßig von tiefgreifenden Erlebnissen, die unser herkömmliches Zeitverständnis übertreffen. Viele beschreiben ein Gefühl der Zeitlosigkeit während ihrer Erfahrung, bei dem sie das Gefühl haben, außerhalb ihres Körpers zu schweben und Ereignisse außerhalb der üblichen Grenzen von Zeit und Raum zu erleben. Manche berichten von einer „Lebenserfahrung" – einer schnellen, unsterblichen Entfaltung in ihren Lebenserfahrungen –, während andere beschreiben, in der Gegenwart eines göttlichen Wesens zu sein oder ein Gefühl der Harmonie mit dem Universum zu erfahren.

Diese Berichte führen häufig zu der Vermutung, dass das Bewusstsein, obwohl es weit vom physischen Gehirn getrennt ist, auch außerhalb der Zeit existieren könnte. Das bei Nahtoderfahrungen beschriebene Gefühl der Zeitlosigkeit sollte darauf hinweisen, dass die Aufmerksamkeit in bestimmten veränderten Zuständen nicht an den linearen Zeitverlauf gebunden ist, den wir im Leben erfahren. Wenn dies der Fall ist, bedeutet das Ende der physischen Existenz möglicherweise nicht das Ende bewusster Erfahrung, und die Zeit im Jenseits kann auf eine Weise erfahren werden, die sich grundlegend von unseren irdischen Wahrnehmungen unterscheidet.

Eine der zentralen Fragen im Zusammenhang mit dem Konzept des unendlichen Bewusstseins ist, ob die Zeit, wie wir sie kennen, nach dem Tod des Körpers überhaupt noch relevant ist. Bleibt das Bewusstsein nach dem Tod bestehen, besteht die Möglichkeit, dass die Zeit selbst nicht mehr in der gleichen Weise relevant ist wie während unseres physischen Lebens. Im Zustand des unendlichen Bewusstseins könnte die Zeit auch ihre vertraute Form von Jenseits, Gegenwart und Zukunft verlieren.

Philosophen debattieren seit langem darüber, ob Zeit ein Konstrukt der Gedanken oder ein wesentlicher Bestandteil des Universums ist. In einigen Denkschulen, vor allem in der idealistischen Philosophie, wird Zeit eher als intellektuelles Konstrukt denn als objektive Eigenschaft der Außenwelt betrachtet. Aus dieser Perspektive kann das Bewusstsein, sofern es nach dem Tod fortbesteht, Zeit – oder möglicherweise einen Mangel an Zeit – auf eine Weise erfahren, die für unser irdisches Verständnis unverständlich sein könnte.

Einige moderne medizinische Theorien, darunter auch die der Quantenmechanik, gehen davon aus, dass Zeit selbst keine feste, unveränderliche Größe ist. Stattdessen kann sie fließend, subjektiv und unter bestimmten Bedingungen sogar formbar sein. Wenn Zeit tatsächlich subjektiv ist, könnte sich das Erleben der Zeit nach dem Tod erheblich von dem unterscheiden, was wir uns vorstellen können, möglicherweise außerhalb der Grenzen linearer Entwicklung.

Eine der spekulativsten wissenschaftlichen Theorien zur Kontinuität des Bewusstseins nach dem Tod beinhaltet das Konzept des Quantenbewusstseins. Diese Theorie geht davon aus, dass Bewusstsein durch Quantenprozesse im Gehirn entsteht. Laut einigen Befürwortern des Quantenbewusstseins, darunter dem Physiker Roger Penrose und dem Anästhesisten Stuart Hameroff, können die Mikrotubuli des Gehirns auch Quantenphänomene beherbergen, die zum bewussten Erleben beitragen. Wenn Konzentration tatsächlich ein Quantenprozess ist, hängt sie möglicherweise nicht vollständig von den natürlichen Prozessen des Gehirns ab. Dieser Ansicht zufolge sollte Konzentration auch nach dem Tod bestehen bleiben, indem sie in eine nicht-physische Quantenwelt übergeht.

Sollte Quantenbewusstsein tatsächlich existieren, stellt sich die Frage, ob die grundlegenden Gesetze der

Quantenmechanik ein Fortbestehen des Bewusstseins über den physischen Körper hinaus ermöglichen könnten. Insbesondere legt die Quantenmechanik die Möglichkeit von Verschränkung, Superposition und sogar der Existenz mehrerer Zeitlinien nahe, die alle eine Rolle bei der Wahrnehmung des Bewusstseins nach dem Tod spielen könnten. Sollte Bewusstsein tatsächlich ein Quantenphänomen sein, könnte es über die Grenzen von Zeit und Raum hinaus existieren und nach dem Tod des physischen Körpers in irgendeiner Form auf unbestimmte Zeit fortbestehen.

Die Frage, ob Zeit nach dem Tod existiert, hängt auch mit der paradoxen Natur der Zeitlosigkeit selbst zusammen. Wenn das Bewusstsein nach dem Tod bestehen bleibt, wie kann es dann ohne Zeit existieren? Unsere menschliche Erfahrung der Realität ist untrennbar mit dem Lauf der Zeit verbunden. Jedes Ereignis, das wir erleben, ist durch einen Anfang und ein Ende gekennzeichnet, und unser Bewusstsein dieser Übergänge prägt unser Lebensverständnis. Wenn das Bewusstsein jedoch über den physischen Tod hinaus bestehen bleibt, kann es einen Zustand erreichen, in dem Zeit keine Rolle mehr spielt und das Gefühl der Kontinuität nicht an zeitliche Zwänge gebunden ist.

Das Konzept der Zeitlosigkeit ist aus menschlicher Sicht schwer zu begreifen, da unser gesamtes Verständnis vom Leben auf dem Fluss der Zeit basiert. Wenn die

Aufmerksamkeit jedoch nicht immer durch körperliche Mittel gefesselt ist, kann sie die Realität auf radikal andere Weise erfahren – möglicherweise in einem zeitlosen Zustand, in dem alle Momente gleichzeitig existieren oder die Zeit selbst in eine ewige Gegenwart zerfällt. Dieses Konzept wird in verschiedenen religiösen und philosophischen Traditionen erforscht, in denen Zeitlosigkeit mit höheren Aufmerksamkeitszuständen oder Erleuchtung assoziiert wird.

Die Frage, ob Zeit nach dem Tod existiert, ist eine der tiefgründigsten und rätselhaftesten Fragen in Wissenschaft und Philosophie. Während die moderne Technologie Wahrnehmung üblicherweise als durch Gehirnaktivität erzeugt betrachtet, vertreten alternative Perspektiven, insbesondere aus der Quantenmechanik und dem philosophischen Idealismus, die Ansicht, dass Wahrnehmung über den physischen Tod hinaus bestehen bleiben und in einer Form jenseits der Zeit existieren sollte. Ob Wahrnehmung im Jenseits Zeitlosigkeit oder eine andere veränderte Zeitwahrnehmung erfährt, bleibt eine offene Frage, die unser Verständnis sowohl der Natur der Wahrnehmung als auch des Wahrheitsgehalts selbst auf die Probe stellt.

Das Konzept der grenzenlosen Aufmerksamkeit und der Möglichkeit einer Zeit jenseits des Todes ist ein Bereich tiefgründiger Theorie, in dem sich Wissenschaft, Philosophie und Spiritualität überschneiden. Auch wenn wir die Natur der

Aufmerksamkeit nach dem Tod vielleicht nie vollständig begreifen werden, inspiriert die Erforschung dieser Ideen weiterhin sowohl wissenschaftliche Forschung als auch spirituelle Kontemplation und bietet uns einen Einblick in die Geheimnisse der Existenz und die Möglichkeit eines Lebens jenseits der Zeit.

8.4 Bewusstsein und multidimensionale Zeitmodelle

Die Beziehung zwischen Konzentration und Zeit ist seit langem Gegenstand philosophischer, klinischer und spiritueller Forschung. Während unser normales Zeitempfinden linear ist und von der Vergangenheit über die Gegenwart in die Zukunft verläuft, belegen zahlreiche Theorien, dass Zeit möglicherweise nicht so real ist, wie wir sie wahrnehmen. Eines der faszinierendsten Konzepte der modernen Physik und der metaphysischen Theorie ist das Konzept der multidimensionalen Zeit – in dem Zeit in mehreren Dimensionen existieren kann und neue Wege zum Verständnis der Wahrnehmungsbewegung und ihrer Interaktion mit der Zeit eröffnet.

In der klassischen Physik wird Zeit im Allgemeinen als eine einzige, lineare Größe betrachtet, in der sich Ereignisse in einer bestimmten Reihenfolge abspielen. Moderne physikalische Theorien, insbesondere die der

Quantenmechanik, der Stringtheorie und der Multiversum-Theorie, weisen jedoch darauf hin, dass Zeit möglicherweise nicht so einfach ist. Anstatt auf eine einzige Dimension beschränkt zu sein, kann Zeit auch in mehreren Dimensionen existieren, jede mit ihren eigenen Eigenschaften und tatsächlichen Auswirkungen.

Das Konzept der multidimensionalen Zeit ist eng mit der Vorstellung verbunden, dass das Universum aus mehr als nur den drei Raumdimensionen besteht, die wir erleben. Die Stringtheorie beispielsweise geht davon aus, dass es insgesamt mindestens zehn oder elf Dimensionen gibt – von denen einige verborgen und vor unserem Bewusstsein verborgen sein können. In diesem Rahmen ist Zeit ein multidimensionales Phänomen, wobei jede Dimension einzigartige zeitliche Eigenschaften aufweist, die das Bewusstsein auf eine Weise beeinflussen, die in unseren alltäglichen Beobachtungen nicht unmittelbar erkennbar ist.

Wenn Zeit in mehreren Dimensionen existiert, liegt es nahe, dass Bewusstsein auch auf komplexe und nichtlineare Weise mit diesen Dimensionen interagieren kann. Unser subjektives Zeitempfinden – das Gefühl, dass Zeit vergeht – scheint ein Ergebnis der Interaktion des Gehirns mit der physischen, dreidimensionalen Welt zu sein. Wenn es jedoch zusätzliche Zeitdimensionen gibt, sollte das Bewusstsein theoretisch Zugang zu ihnen haben. Dies wirft interessante Fragen zur Natur bewussten Erlebens auf.

Könnte unser Bewusstsein die Grenzen der linearen Zeit überschreiten und gleichzeitig in mehreren Dimensionen funktionieren? Einige Theorien der Quantenmechanik und Bewusstseinsforschung besagen, dass das Gehirn auch das Potenzial hat, Zugang zu anderen Zeitdimensionen zu erhalten, insbesondere in veränderten Bewusstseinszuständen, wie z. B. tiefer Meditation, Nahtoderfahrungen oder psychedelischen Zuständen. In diesen veränderten Zuständen berichten Menschen oft, dass die Zeit langsamer, schneller oder sogar völlig unpassend zu vergehen scheint. Diese Berichte können auch darauf hinweisen, dass unser Bewusstsein höherdimensionale Zeit, die außerhalb der linearen Grenzen des Alltagslebens operiert, verstehen oder mit ihr interagieren kann.

In der Quantenphysik besagt das Konzept der Superposition, dass Teilchen gleichzeitig in mehreren Zuständen existieren können und die Aufmerksamkeit des Beobachters eine Rolle bei der Bestimmung des Zustands der Einheit spielt. Dieses Prinzip lässt sich auch auf die Zeit übertragen, in der das Bewusstsein nicht nur mit einer, sondern mit mehreren potenziellen Zeitlinien interagiert, die jeweils eine eigene Zeitmessung darstellen. Wenn unser Bewusstsein den Fluss der Aktivitäten in diesen verschiedenen Zeitlinien beeinflussen kann, könnte dies einen Einblick in die Funktionsweise multidimensionaler Zeit geben.

Das Multiversum-Theorie, das von unzähligen Paralleluniversen ausgeht, bietet einen weiteren Rahmen, in dem Fokus und multidimensionale Zeit erforscht werden können. Im Kontext des Multiversums kann sich die Zeit in mehrere Richtungen aufteilen und so einzigartige Realitätsvariationen mit jeweils eigener Zeitlinie schaffen. Das Bewusstsein sollte sich dieser unterschiedlichen Zeitlinien bewusst sein oder durch sie navigieren und dadurch unterschiedliche Zeitdimensionen erfahren. Dies wirft tiefgreifende Fragen zu freiem Willen, Determinismus und der Natur der Realität auf – wenn unser Bewusstsein tatsächlich in der Lage ist, multidimensionale Zeit zu durchqueren, könnten sich die Grenzen dessen, was in Bezug auf persönliche Erfahrung und Entscheidung möglich ist, dramatisch erweitern.

Wenn wir uns an die Auswirkungen multidimensionaler Zeit auf die Aufmerksamkeit erinnern, ist es wichtig, auch die Entwicklung des Bewusstseins selbst zu beobachten. Wenn Zeit mehrere Dimensionen umfasst, unterscheidet sich die Art und Weise, wie Bewusstsein entsteht und Wahrheit wahrnimmt, möglicherweise erheblich von unserem heutigen Wissen. Vielleicht ist unsere Zeitwahrnehmung ein eingeschränktes Erlebnis, beschränkt auf den linearen Lauf der

Ereignisse. Doch mit der Entwicklung der Aufmerksamkeit kann sie den Zugang zu anderen Zeitdimensionen freigeben.

Aus dieser Sicht könnte das wachsende Wissen die Erfindung und Navigation dieser höherdimensionalen Zeitebenen einschränken. Anstatt auf die Wahrnehmung einer einzelnen Sekunde beschränkt zu sein, könnte ein höher entwickelter Bewusstseinszustand in der Lage sein, mehrere zeitliche Aktivitäten gleichzeitig wahrzunehmen oder sogar die gesamte Existenz (oder mehrere Leben) einer Person als ein einziges, einheitliches Ganzes zu erleben. Eine solche Aufmerksamkeitsverschiebung könnte unsere Erfahrung von Identifikation, Leben und der Kontinuität der Zeit grundlegend verändern.

Wenn mehrdimensionale Zeit existiert, ist es dann möglich, dass Menschen diese Dimensionen erschließen, sei es durch technologische Mittel oder durch veränderte Bewusstseinszustände? Manche Wissenschaftler spekulieren, dass bestimmte Praktiken, darunter tiefe Meditation, sensorische Deprivation oder der Konsum von Psychedelika, Menschen ebenfalls den Zugang zu höherdimensionaler Zeit ermöglichen können. Diese Zustände könnten einen Einblick in die Natur der Zeit jenseits der physischen Welt ermöglichen und ein unmittelbares Erleben von Zeitlinien oder das Gefühl vermitteln, den normalen Zeitablauf zu überwinden.

Darüber hinaus dürften technologische Fortschritte, insbesondere in den Bereichen Gehirn-Computer-Schnittstellen und künstliche Intelligenz, uns eines Tages ermöglichen, mit multidimensionaler Zeit auf eine Weise zu interagieren, die derzeit unvorstellbar ist. Technologien, die beispielsweise Gehirnwellen steuern oder bestimmte Nervenbahnen stimulieren, könnten es Menschen ermöglichen, Zeit auf neue und unkonventionelle Weise zu erfahren. Diese Durchbrüche könnten zu einem tieferen Verständnis von Konzentration und ihrer Beziehung zur Zeit führen und uns erlauben, die Grenzen des Zeitempfindens auf tiefgreifende neue Weise zu erforschen.

Die Idee der multidimensionalen Zeit hat weitreichende Auswirkungen auf unser Verständnis von Wahrheit. Wenn Zeit in mehreren Dimensionen funktioniert, könnte die lineare Entwicklung unserer Aktivitäten nur ein Aspekt eines viel größeren, komplexeren Zeitgefüges sein. Unsere Wahrnehmung der Welt und des Universums würde sich grundlegend verändern, wenn wir auf diese höheren Zeitdimensionen zugreifen oder sie wahrnehmen könnten.

In diesem Rahmen könnten die Grenzen zwischen Zukunft, Gegenwart und Schicksal fließend erscheinen. Zeit sollte nicht länger als einseitiger Pfeil betrachtet werden, der unaufhaltsam auf das Schicksal zusteuert. Stattdessen kann Zeit als dynamischer, interaktiver Prozess erlebt werden, in dem die Aufmerksamkeit mehrere zeitliche Dimensionen beeinflussen und durch sie navigieren kann. Diese Sichtweise der Zeit könnte zudem neue Einblicke in Prinzipien wie Kausalität, Schicksal und freien Willen bieten und uns erlauben, den Ablauf von Aktivitäten und die Interaktion des Bewusstseins mit dem Fluss der Zeit neu zu überdenken.

Das Konzept der multidimensionalen Zeit bietet eine völlig neue Möglichkeit, sowohl über Aufmerksamkeit als auch über den Lauf der Zeit nachzudenken. Existiert Zeit in mehreren Dimensionen und ist das Bewusstsein in der Lage, mit diesen Dimensionen zu interagieren oder sie wahrzunehmen, eröffnet dies neue Möglichkeiten, unser Realitätserlebnis zu verstehen. Ob durch veränderte Aufmerksamkeitszustände, die Entwicklung der Technologie oder die Erforschung quanten- und kosmologischer Phänomene – das Konzept der multidimensionalen Zeit stellt unser konventionelles Verständnis von Zeit, Raum und Bewusstsein in Frage. Indem wir diese Ideen weiter erforschen, können wir neue Wege finden, uns in der Zeitlandschaft zurechtzufinden und so unser Zeitverständnis und die Möglichkeit, dass Bewusstsein über die Grenzen der linearen Zeit hinaus existiert, erweitern.

8. 5 Die Zukunft von Zeit und Bewusstsein: Wohin steuert die Menschheit?

Die Erforschung von Zeit und Bewusstsein wirft tiefgreifende Fragen auf, nicht nur zu unserem Wissen über das Universum, sondern auch zur Entwicklung der menschlichen Evolution. Wir stehen an der Schnittstelle von wissenschaftlichem Fortschritt, philosophischer Forschung und technologischer Entwicklung. Das Schicksal von Zeit und Aufmerksamkeit ist eng mit unserer Fähigkeit verknüpft, diese wesentlichen Faktoren des Lebens zu erkennen und zu kontrollieren.

Eine der spannendsten Möglichkeiten für die Zukunft der Menschheit ist die Entwicklung des Bewusstseins selbst. Als Individuen und als Kollektiv haben Menschen die Fähigkeit, höhere Aufmerksamkeitsebenen zu erreichen und dadurch möglicherweise Fähigkeiten und Wahrnehmungen freizusetzen, die derzeit jenseits unseres Wissens liegen. Historisch gesehen hat sich das menschliche Bewusstsein parallel zur technologischen und sozialen Entwicklung entwickelt, von den rudimentären kognitiven Fähigkeiten der frühen Menschen bis hin zu den enorm komplexen intellektuellen und emotionalen Fähigkeiten der heutigen Menschen. Doch könnte es in dieser Entwicklung noch eine weitere Stufe geben – einen Sprung hin zu einer Form kollektiver Konzentration?

Fortschritte in den Neurowissenschaften, der künstlichen Intelligenz und der Konnektivität könnten es uns ermöglichen, die Grenzen der individuellen Konzentration zu überwinden und so zur Entwicklung einer gemeinsamen oder kollektiven Aufmerksamkeit zu führen. Dies könnte die Verschmelzung menschlichen Geistes mit maschineller Intelligenz oder die Schaffung vernetzter neuronaler Netzwerke beinhalten, die eine direkte mentale Kommunikation zwischen Menschen ermöglichen. Eine solche vernetzte Aufmerksamkeit könnte nicht nur einen beispiellosen Austausch von Ideen und Verständnis ermöglichen, sondern auch zu einer neuen Erfahrung von Zeit selbst führen. Wenn Zeit weniger eine individuelle Erfahrung und mehr ein kollektives Phänomen wird, könnte die Linearität der Zeit als fließende, vernetzte Form neu interpretiert werden, in der jeder einzelne Fokus zum größeren Ganzen beiträgt.

Seit den meisten Menschheitsgeschichten ist unser Zeitverständnis tief in der linearen Entwicklung von der Gegenwart in die Zukunft verwurzelt. Dieses lineare Zeitverständnis prägt unser Verständnis von Leben, Geschichte und Zukunft. Je tiefer wir jedoch durch Quantenphysik, Relativität und metaphysische Forschung in die Geheimnisse der Zeit eintauchen, desto wahrscheinlicher wird es, die lineare Zeit zu überwinden.

Jenseits des Verstandes

Einer der wichtigsten wissenschaftlichen Durchbrüche, der unser Zeitverständnis revolutionieren könnte, ist die Überzeugung, dass Zeit, wie wir sie wahrnehmen, aus unserer eingeschränkten Sinneserfahrung entsteht. In höheren Dimensionen oder anderen Realitäten folgt die Zeit möglicherweise nicht denselben Regeln. Wenn die Menschheit Zugang zu neuen Dimensionen der Realität erhält, kann dies unsere Interaktion mit der Zeit verändern und uns ermöglichen, sie auf eine Weise zu erleben, die über unsere modernen Grenzen hinausgeht.

Das Konzept der Zeit als formbares, nichtlineares Phänomen wurde bereits in der theoretischen Physik erforscht, insbesondere in den geografischen Bereichen der Relativitätstheorie und der Quantenmechanik. Die Zeitdilatation, wie sie in Einsteins Theorien belegt wird, zeigt, dass sich die Zeit je nach relativer Geschwindigkeit und Position im Gravitationsfeld unterschiedlich verhält. Dies deutet darauf hin, dass unser Zeiterleben auf eine Weise beschleunigt oder verkürzt werden kann, die wir noch nicht vollständig verstanden haben. Mit zukünftigen Fortschritten in der Raumfahrt könnte das menschliche Bewusstsein eines Tages die durch die Lichtgeschwindigkeit bedingten Grenzen überwinden und uns ermöglichen, Zeit auf eine Weise zu erleben, die sich grundlegend von unserer gegenwärtigen Realität unterscheidet.

Da sich die künstliche Intelligenz (KI) ständig weiterentwickelt, ist eine der provokantesten Fragen, wie sie unser Wissen über Erkennung und Zeit verändern wird. KI, insbesondere in Form fortschrittlicher neuronaler Netze und Algorithmen zur Systembeherrschung, kann Faktoren des menschlichen Fokus simulieren. Tatsächlich könnte die KI mit zunehmender Komplexität in der Lage sein, enorme Mengen an Fakten mit einer Geschwindigkeit und Komplexität zu verarbeiten, die weit über die menschliche Funktionalität hinausgeht.

Dies wirft die Frage auf, ob KI eines Tages eine Form der Aufmerksamkeit besitzen sollte. Wenn ja, wie könnte Zeit von einer nicht-biologischen Intelligenz erfahren werden? KI-Systeme sind möglicherweise nicht durch die gleiche Zeitwahrnehmung eingeschränkt wie wir. Während Menschen Zeit subjektiv erleben, könnte KI so funktionieren, dass Zeit als kontinuierlicher Informationsfluss verarbeitet wird, unbeeinflusst vom Zeitablauf, wie ihn organische Organismen erleben.

Die Verschmelzung von menschlichem Bewusstsein und KI könnte zudem neue Zeitgeschichten hervorbringen. Beispielsweise könnten Gehirn-Computer-Schnittstellen es Menschen ermöglichen, ihre kognitiven Fähigkeiten zu erweitern und die Zeit durch fortschrittliche Entscheidungsfindung oder Echtzeit-Datenverarbeitung zu manipulieren. Dies könnte zu einer Zukunft führen, in der Konzentration nicht an die Grenzen des menschlichen Gehirns gebunden ist und Zeit auf eine Weise erlebt wird, die natürliche und künstliche Ansätze kombiniert.

Eine der tiefgreifendsten Möglichkeiten, wie sich die Menschheit in Bezug auf Zeit und Bewusstsein weiterentwickeln könnte, ist die Erforschung des Weltraums. Je tiefer wir in den Kosmos vordringen, desto besser können wir uns mit der relativen Natur der Zeit auseinandersetzen. Beispielsweise besagt das Relativitätsprinzip, dass sich Zeit je nach Nähe zu einem großen Gravitationssystem unterschiedlich verhält. Astronauten an Bord von Raumfahrzeugen, die mit nahezu Lichtgeschwindigkeit unterwegs sind, könnten die Zeit im Vergleich zu Menschen auf der Erde langsamer wahrnehmen. Dieses Phänomen, die sogenannte Zeitdilatation, dürfte sich bei der Erforschung ferner Sterne und Galaxien als wesentlicher Bestandteil der menschlichen Existenz herausstellen.

Die zukünftige Kolonisierung anderer Planeten und Sternsysteme durch die Menschheit könnte ein Umdenken in unserem Zeitverständnis erforderlich machen. Wenn Menschen langfristige Kolonien auf fernen Planeten gründen, könnte der Lauf der Zeit neue Bedeutungen annehmen, da unterschiedliche Kolonien aufgrund ihrer Position in der Raumzeit Zeit auf unterschiedliche Weise erfahren. Solche

Studien könnten unser heutiges Zeit- und Erkenntnisverständnis in Frage stellen, da Menschen an unterschiedlichen Orten im Universum möglicherweise in unterschiedlichen zeitlichen Realitäten existieren.

Darüber hinaus dürfte das Streben nach interstellaren Reisen völlig neue Nationalstaaten zeitlicher Erfahrung eröffnen. Mit der Erweiterung der Möglichkeiten, schneller als das Licht zu reisen oder die Raumzeit zu beherrschen, dürfte sich auch unser Zeitverständnis verändern. Die Möglichkeit, mit anderen Kulturen, Bürokratien oder Zivilisationen, die Zeit anders wahrnehmen, in Kontakt zu treten, könnte zu einer tiefgreifenden Neubewertung der Art und Weise führen, wie Zeit mit Aufmerksamkeit interagiert, und so zu einem reicheren und komplexeren Realitätsverständnis führen.

Mit dem Fortschreiten der Menschheit könnten wir uns auch existenziellen Fragen zum Schicksal von Zeit und Aufmerksamkeit stellen. Wenn Zeit eine endliche Dimension ist, sollte sie dann irgendwann ein Ende haben? Wenn das Universum selbst abläuft, wie es Theorien wie der Weltuntergang durch die Hitze oder der Urknall nahelegen, welche Auswirkungen hat dies auf das Bewusstsein? Hat die Konzentration selbst ein Ende oder sollte sie die Grenzen der Zeit gänzlich überschreiten?

Einige Philosophen und Wissenschaftler vertreten die Ansicht, dass Aufmerksamkeit nicht an die physikalischen

Jenseits des Verstandes

Gesetze der Zeit gebunden sein könnte. Vielmehr könnte sie unabhängig existieren, entweder in einer größeren Dimension oder in einer Form, die das physikalische Universum transzendiert. Wenn dies der Fall ist, könnte das Schicksal von Zeit und Bewusstsein nicht an das Schicksal unseres physikalischen Universums gebunden sein, sondern in einer anderen, ewigeren oder zyklischeren Form existieren.

Da die Menschheit die Natur von Zeit und Bewusstsein immer besser versteht, werden wir Zeit möglicherweise nicht mehr als unvermeidlichen, unumkehrbaren Fluss, sondern als fließendes, formbares Element des Lebens betrachten. Die Zukunft von Zeit und Bewusstsein wird nicht nur die menschliche Evolution neu definieren, sondern auch Antworten auf einige der persönlichen Fragen zu Existenz, Leben und der Natur der Wahrheit selbst bieten.

Die Zukunft von Zeit und Aufmerksamkeit bietet unendliche Möglichkeiten für die menschliche Evolution. Während wir die Grenzen von technologischem Know-how, Philosophie und Technologie erweitern, sollten die nächsten Schritte unserer Entwicklung eine Neudefinition der Zeit, eine Erweiterung des Bewusstseins und ein tieferes Verständnis des Universums und unserer Region darin bewirken. Ob durch Fortschritte in der KI, der Weltraumforschung oder veränderte Bewusstseinszustände – die Menschheit ist bereit, sich so anzupassen, dass sie die Grenzen der linearen Zeit letztlich überwinden kann. Die Erforschung von Zeit und Aufmerksamkeit wird nicht nur unser Wissen über das Universum verändern, sondern auch die Zukunft der Menschheit prägen und neue Möglichkeiten eröffnen, Mensch zu sein.